4568

Appel à l'Autorité.

DÉVELOPPEMENT

DES

CONCLUSIONS MOTIVÉES

DE M. LE CHEVALIER METTEMBERG,

Ancien Chirurgien-Major des Corps armés, Auteur de la NOUVELLE MÉTHODE CHIRURGICO-MÉDICALE, connue sous le nom de *Quintessence anti-psorique* ou *Eau de Mettemberg* : Découverte provoquée par le Gouvernement ; éprouvée et autorisée d'après un *Mode expérimental* spécialement prescrit par le Ministère de l'Intérieur, malgré l'opposition *systématique* de la Faculté de Médecine de Paris ;

SUIVI

De Pièces officielles et de Faits constans, qui, d'une part, justifient les avantages de ce Remède *topique*, et, de l'autre, dévoilent les *jalousies* et les *passions* que l'Auteur est forcé de combattre depuis *trente-deux* ans.

A PARIS,

CHEZ L'AUTEUR, RUE SAINT-THOMAS-D'ENFER, N° 5,

PRÈS LE LUXEMBOURG.

AOUT 1826

A SON EXCELLENCE

LE MINISTRE DE L'INTÉRIEUR.

DÉVELOPPEMENT

DES

CONCLUSIONS MOTIVÉES

DE M. LE CHEVALIER METTEMBERG,

Ancien Chirurgien-Major des Corps armés, Auteur de la Découverte CHIRURGICO-MÉDICALE, connue sous le nom de *Quintessence anti-psorique* ou *Eau de Mettemberg*, Remède *topique* reconnu utile à l'art de guérir par les Rapports *réguliers*, faits en exécution du Décret du 18 août 1810, et *autorisé* par deux Décrets spéciaux, des 6 février 1810 et 18 mars 1813 ;

TENDANT A OBTENIR :

1°. Le rejet et l'annulation, en tant que de besoin, d'un travail de la Commission de l'Académie Royale de Médecine de Paris, en ce que cette Commission chargée de compléter, à l'égard du Sieur Mettemberg, l'exécution du Décret du 18 août 1810, en procédant à des Expériences *publiquement, et en sa présence, pour parvenir à déterminer la quotité du prix d'acquisition accordé par la Loi et garanti par la Charte, à l'Inventeur*, a procédé aux Expériences en l'absence de l'Inventeur; et a excédé son mandat, en mettant en question la chose irrévocablement jugée, en convertissant en Rapport officiel ce qui avait été réprimé comme *calomnie* par un Jugement correctionnel, et en sapant ainsi dans leurs fondemens la Loi, la Charte, l'honneur et la propriété du Sieur Mettemberg.

2°. L'exécution pleine et entière des Décrets de 1810, d'après les Rapports *réguliers* qui ont consacré qu'une indemnité était due au Sieur Mettemberg, et qui en ont déterminé les bases.

3°. SUBSIDIAIREMENT, une nouvelle Vérification *contradictoire* et régulière, pour compléter l'exécution de la DÉCISION MINISTÉRIELLE, du 20 juillet 1813.

PARIS,

AOUT 1826.

4

N. B. En l'an XII, le sieur Mettemberg se présenta à l'École de Médecine de Paris, pour soutenir thèse. et obtenir le titre de *Docteur*, conformément aux dispositions de l'article 11 de la Loi du 19 ventôse an XI, et la Décision Ministérielle qui suit. Mais l'École, considérant que le postulant était *auteur et distributeur d'un Remède* réputé *secret*, refusa de l'admettre à remplir cette formalité; à moins qu'il ne promît de renoncer à poursuivre l'affaire de sa Découverte anti-psorique. Dès lors, ce dernier, bien convaincu que ce n'est point le diplôme de *Docteur* qui fait le *Médecin*, et que le temps n'était pas venu d'abandonner cette Découverte à ses Confrères et aux Pharmaciens, s'est contenté du titre légal d'*Officier de santé*, que lui a conféré, de droit, et hors de la dépendance de l'École de Médecine, l'article 23 de ladite Loi.

« Paris, le 24 Prairial, an XII.

» Le Ministre de l'Intérieur,

» *A M. Mettemberg, Chirurgien de la Maison et de la Garde du Sénat.*

» *Je vous annonce, Monsieur, que je viens d'autoriser les Professeurs de l'École de Médecine de*
» *Paris, à vous admettre au Doctorat, conformément aux dispositions de l'article 11 de la Loi du*
» *19 ventôse, an XI.*
» *Vous pouvez, en conséquence, vous présenter à l'École pour soutenir votre thèse, et réclamer le*
» *titre dont vous avez besoin.*
» *Je vous salue,*

» *Signé* Chaptal. »

IMPRIMERIE DE HUZARD-COURCIER,
rue du Jardinet, n° 12.

OBSERVATIONS PRÉLIMINAIRES.

Nous allons expliquer les *Conclusions motivées* du Sieur Mettemberg, et les mettre à l'abri de toute objection, en discutant les questions principales résultant des motifs qui les justifient en *droit* et en *fait*, et en rapprochant ces motifs du Livre de la Loi et des Pièces probantes.

CONCLUSIONS MOTIVÉES.

POINT DE DROIT.

Première question. « Les Décrets généraux des 18 août et 26 décembre 1810, expliqués par
» l'Avis du Conseil-d'État approuvé le 9 avril 1811, ne consacrent-ils pas
» 1°. Que lorsqu'il a été reconnu, conformément au Décret du 18 août 1810, qu'un Remède secret
» communiqué au Gouvernement ne peut être dangereux ou nuisible, en aucun cas, il ne doit être
» statué que sur les dispositions relatives à la fixation du prix d'acquisition garanti à l'Inventeur-
» Propriétaire de ce Remède?
» 2°. Que dans aucun cas l'Inventeur ne peut être privé du droit de défense, et qu'en con-
» séquence, aucune Commission ne peut procéder à des Expériences *en son absence ?* »

Réponse. Le bon sens suffit pour résoudre ces questions en faveur de l'Inventeur ; mais il importe de retracer l'ensemble et les détails d'une législation peu connue.

Le préambule du Décret du 18 août 1810, sur les Remèdes secrets, consacre que ce Décret a pour objet « d'une part, de répandre la connaissance et l'emploi des Remèdes secrets, utiles
» à l'art de guérir, en achetant des Inventeurs la recette de leurs compositions, et de propager
» ainsi les lumières, d'augmenter les moyens utiles à l'art de guérir : d'autre part, d'empêcher le
» charlatanisme d'imposer un tribut à la crédulité publique, ou d'occasioner des accidens
» funestes en débitant des drogues sans vertu, ou des substances inconnues, et dont on peut,
» par ce motif, faire un emploi nuisible à la santé, ou dangereux pour la vie des hommes. »

Ainsi les Remèdes secrets sont divisés en deux catégories : 1°. les Remèdes secrets utiles à l'art de guérir, dont le Gouvernement veut se rendre propriétaire pour en répandre la connaissance et l'emploi, en garantissant aux Inventeurs un prix d'acquisition ; 2°. les Remèdes secrets dangereux, dont le Gouvernement veut préserver à jamais la société ; tel est le principe des dispositions suivantes.

TITRE PREMIER.

Des Remèdes dont la vente est déjà autorisée.

« Art. 1er. Les Permissions accordées aux Inventeurs ou Propriétaires de Remèdes secrets
» ou compositions dont ils ont seuls la recette, pour vendre et débiter ces Remèdes, cesseront
» d'avoir leur effet, à compter du 1er janvier prochain (1811).

» Art. 2. D'ici à cette époque, lesdits Inventeurs ou Propriétaires remettront, s'ils le jugent
» convenable, à notre Ministre de l'Intérieur, qui ne la communiquera qu'aux Commissions
» dont il sera parlé ci-après, la recette de leurs Remèdes ou *compositions*, *avec une Notice des*
» *Maladies auxquelles on peut les appliquer*, *et des Expériences qui en ont déjà été faites.*

» Art. 3. Notre Ministre de l'Intérieur nommera *une Commission de cinq membres*, *dont trois*
» *seront pris parmi nos Professeurs de l'École de Médecine*, *à l'effet d'examiner*, 1°. *la compo-*
» *sition du Remède*, *et de reconnaître si son administration ne peut être dangereuse ou nuisible*
» *en certain cas;* 2°. si ce Remède est bon en soi, et s'il a produit et produit encore des
» effets utiles à l'Humanité; 3°. quel est le prix qu'il convient de payer, pour son secret, à
» l'Inventeur du Remède reconnu utile, en proportionnant ce prix, 1°. au mérite de la Décou-
» verte; 2°. aux *avantages* qu'on en a *obtenus*, et qu'on peut en *espérer* pour le soulagement
» de l'Humanité; 3°. *aux avantages personnels que l'Inventeur en a retirés ou pourrait en attendre*
» *encore.*

» Art. 4. En cas de réclamation de la part des Inventeurs, il sera nommé, par notre Ministre
» de l'Intérieur, une Commission de Révision, à l'effet de faire l'examen du travail de la pre-
» mière, *d'entendre les parties*, et de donner un nouvel Avis.

» Art. 5. Notre Ministre de l'Intérieur nous fera, d'après le compte qui lui sera rendu par
» chaque Commission, *et après avoir entendu les Inventeurs*, un Rapport sur chacun de ces
» Remèdes secrets, et prendra nos ordres sur la *somme à accorder* à chaque Inventeur ou
» Propriétaire.

» Art. 6. *Notre Ministre de l'Intérieur fera ensuite un Traité avec les Inventeurs. Le Traité*
» *sera homologué en notre Conseil-d'État*, *et le secret publié sans délai.*

TITRE II.

Des Remèdes dont le débit n'a pas encore été autorisé.

» Art. 7. Tout individu qui aura découvert un Remède, et voudra qu'il en soit fait usage,
» en remettra la recette à notre Ministre de l'Intérieur, comme il est dit art. 2. Il sera ensuite
» procédé à son égard, comme il est dit aux art. 3, 4 et 5.

TITRE III.

Dispositions générales.

» Art. 8. Nulle Permission ne sera accordée désormais aux Auteurs d'aucun Remède, simple
» ou composé, dont ils voudraient tenir la composition secrète, sauf à procéder comme il est
» dit aux Titres I et II.

» Art. 9. Nos Procureurs et nos Officiers de Police sont chargés de poursuivre les contreve-
» nans, par-devant nos Tribunaux et Cours, et de faire prononcer contre eux les peines portées
» par les Lois et Règlemens. »

Il résulte de l'ensemble de ces dispositions, réglant le présent et l'avenir, 1°. que
le Gouvernement lui-même ne peut autoriser la préparation et la vente d'aucun
Remède dont l'Inventeur voudrait tenir la composition secrète; 2°. mais que du

moment où l'Inventeur s'est conformé à la Loi, et que sa Découverte est reconnue utile à l'art de guérir, la Loi lui garantit un prix d'acquisition proportionné aux avantages que la Société et l'Inventeur en ont retirés ou peuvent en retirer.

Les difficultés qu'a présentées l'exécution de ce Décret du 18 août 1810, ont été levées par un Décret du 26 décembre 1810, et par un Avis du Conseil-d'État, approuvé le 9 avril 1811. Les dispositions de ce Décret et de cet Avis, qu'il importe de ne pas perdre de vue, portent, savoir : 1º. Prorogation, par l'art 1er du Décret du 26 décembre 1810, du délai fixé par l'art. 1er du Décret du 18 août 1810; 2º. (Art. 2) :

« Si, antérieurement au Décret du 18 août 1810, des Inventeurs ou Propriétaires de Remèdes » secrets en ont remis la composition au Gouvernement, qu'elle ait déjà été examinée par une Com- » mission, aux termes du paragraphe 1er de l'art. 3 dudit Décret, et qu'il ait été reconnu qu'elle » ne contient rien de nuisible ou de dangereux, lesdits Inventeurs ou Propriétaires seront dis- » pensés de donner et de faire examiner de nouveau leur recette; et il ne sera statué que sur » les dispositions des paragraphes 2 et 3 dudit art. 3 dudit Décret du 18 août 1810. »

L'Avis du Conseil-d'État, pris dans la séance du 5 Avril 1811, et inséré au Bulletin des Lois, nº 363, est ainsi conçu :

« Le Conseil-d'État, qui, d'après le renvoi ordonné par Sa Majesté, a entendu le Rapport de » la Section de l'Intérieur, sur celui du Ministre de ce département, contenant, 1º. des Obser- » vations sur l'art. 4 du Décret du 18 août 1810, et proposant de modifier cet article, en attri- » buant à la Commission d'Examen des Remèdes secrets la faculté d'ôter, dans certains cas, aux » Inventeurs ou Propriétaires de Remèdes secrets, le recours à la Commission de Révision; » 2º. des Observations sur l'art. 2 du Décret du 26 décembre 1810, qui dispense de donner la » recette de leurs Remèdes et d'en faire examiner la composition, lesdits Inventeurs ou Proprié- » taires de Remèdes secrets qui ont antérieurement remis les recettes au Gouvernement, lequel » a fait reconnaître déjà que leur administration ne peut être dangereuse ou nuisible; » Et la proposition de soumettre de nouveau lesdits Inventeurs ou Propriétaires à faire exa- » miner de nouveau leurs recettes; » Est d'avis : 1º. *qu'il est très important* de maintenir la Commission de Révision, en faveur de » tous ceux qui voudront y recourir, afin que les *droits et la propriété* des Inventeurs ou Pro- » priétaires de Remèdes *secrets, soient garantis,* ainsi que l'a voulu Sa Majesté, *et qu'une Com- » mission unique ne soit pas leur juge absolu et sans recours;* et qu'il importe même que cette » Commission de Révision soit sans délai nommée, organisée, et demeure en activité *jusqu'à ce » que le travail ordonné par le Décret du 18 août 1810 soit entièrement fini;* 2º. qu'il n'y a » lieu à rien changer aux dispositions du Décret du 26 décembre 1810, attendu *que ceux qui » ont déjà été soumis à une partie des obligations portées au Décret du 18 août, n'ont plus à » les remplir, et qu'il ne peut plus être question, pour eux, que d'exécuter l'art. 3, à commencer » seulement par le paragraphe 2, et sans parler de l'art. 2 et du paragraphe 1er de l'art. 3. »*

Il résulte de ces dispositions, rapprochées du Décret du 18 août 1810, que

1º. Dans aucun cas, dans aucune vérification tendant à l'examen d'un Remède secret, on ne peut procéder sans entendre l'Inventeur-Propriétaire, qui a communiqué son secret au Gouvernement sur la foi de l'engagement stipulé par la Loi, de lui payer le prix d'acquisition si son Remède est reconnu utile ;

2°. Les Inventeurs ou Propriétaires *qui avaient été soumis à une partie des obligations portées au Décret du 18 août 1810, n'avaient plus à les remplir;* et si par la vérification de leur recette, faite conformément audit Décret du 18 août *, il avait été reconnu que l'administration de leur Remède ne peut être* DANGEREUSE OU NUISIBLE, il ne pouvait plus être question pour eux d'exécuter l'art. 2 et le paragraphe Ier de l'art. 3 du Décret du 18 août 1810, c'est-à-dire d'exiger de nouveau la communication du Remède, d'examiner sa composition, et de *reconnaître si son administration ne peut être dangereuse ou nuisible en certains cas;* mais seulement d'exécuter ledit art. 3 à commencer par le paragraphe II, c'est-à-dire d'examiner et de reconnaître « *si le Remède est bon en soi, s'il a produit et produit encore des effets utiles à l'Hu-* » *manité; et quel est le prix qu'il convient de payer pour son secret à l'Inventeur du* » *Remède reconnu utile , en proportionnant ce prix,* 1°. *aux avantages qu'on en a* » *obtenus et qu'on peut en espérer pour le soulagement de l'Humanité;* 2°. *aux avan-* » *tages personnels que l'Inventeur en a retirés ou pourrait en retirer encore.* »

Ainsi le point de droit, sur lequel les conclusions du sieur Mettemberg sont appuyées, ne peut être contesté.

CONCLUSIONS MOTIVÉES.

POINT DE FAIT.

SECONDE QUESTION. Les dispositions précitées n'ont-elles pas été violées à l'égard du sieur Mettemberg, Inventeur-Propriétaire de la *Quintessence anti-psorique ,* par une Commission chargée de compléter, à son égard, en 1821 , l'exécution du Décret du 18 août 1810, en ce que notamment cette Commission a procédé à des Expériences en l'absence de l'Inventeur, malgré ses protestations et réclamations, et a excédé son mandat en assimilant aux Remèdes dangereux le Remède - Mettemberg , reconnu utile par des actes irréfragables?

RÉPONSE. Nous affaiblissons par la position de cette question les motifs libellés dans les conclusions ; mais nous allons par la discussion rappeler ces motifs, et les développer en les rapprochant des pièces justificatives.

Ces pièces établissent en masse que la Méthode-Mettemberg, par l'absorption d'un Remède *physiologique* et l'*exhalation* de l'humeur morbifique, dont l'innocuité et les avantages ont, depuis trente ans, été *légalement constatés* par des procès-verbaux d'Expériences publiques, contradictoires avec les antagonistes de cette Méthode, et *sanctionnés* par l'autorisation spéciale de divers Gouvernemens, vient encore d'être *privilégiée* en Angleterre, par Lettres-Patentes de sa Majesté Britannique, du 26 février 1825.

La Découverte-Mettemberg est particulièrement d'un grand intérêt pour rétablir et entretenir l'*équilibre* des fonctions dans l'état de santé, et pour épargner *dix-huit* millions par an sur le budget des Contribuables.

D'innombrables faits authentiques et avérés démontrent depuis trente ans le succès de cette Découverte; aucun de ceux qui en ont fait usage, en France, En Espagne et dans les divers pays où elle est autorisée, n'a élevé la plus légère plainte. Le Décret du 18 août 1810 soumit le Remède-Mettemberg au creuset de nouvelles épreuves victorieuses. 1°. La Commission nommée en exécution de l'art. 3 de ce Décret était loin d'être prévenue en faveur de l'Inventeur, puisque son Rapport ne porta le prix d'acquisition qu'à *six mille francs;* mais cette conclusion, en opposition avec les intérêts du sieur Mettemberg, suffit pour prouver que la Commission n'a point rangé la Découverte-Mettemberg dans la classe des Remèdes dangereux proscrits par la Loi; qu'elle a reconnu au contraire en principe, non – seulement que l'*administration de ce Remède ne peut être dangereuse ni nuisible en aucun cas, mais encore qu'il est bon en soi, et qu'il a produit et produit encore des effets utiles à l'Humanité,* puisque le Rapport détermine un prix d'acquisition, et que si la Commission eût eu toute autre opinion, elle aurait dit : l'*administration du Remède ne peut être dangereuse ni nuisible, mais il n'est pas bon en soi; il n'a produit et ne produit encore aucun effet utile à l'Humanité; il n'y a pas lieu de payer un prix quelconque à l'Inventeur* (1). 2°. Cependant le sieur Mettemberg ne pouvant point être satisfait du travail de la Commission, se pourvut en Révision; les Rapports et Décision de la Commission de Révision (qui devait être *souveraine* suivant la Loi) justifièrent son pourvoi.

Ces Rapports, imprimés le 10 février 1813, à l'imprimerie du Gouvernement, et distribués à MM. les Membres du Conseil-d'État, portent, savoir : le premier Rapport, du 13 août 1812, adressé à Son Excellence le Ministre de l'Intérieur :

« *De tous les Remèdes secrets* présentés à l'examen et au jugement de la Commission de Révi-
» sion, aucun ne lui *a paru digne d'un véritable intérêt, si l'on en excepte celui de M. Met-*
» *temberg.* »

La Commission expose, 1°. l'origine de ce Remède, à l'époque où le Gouvernement fit, en 1794, un appel aux Officiers de santé Militaires, dans le but de trouver le moyen le plus simple et le moins dangereux de guérir, sans soustraire les soldats à leur service, la maladie de la Gale, répandue dans nos Armées, au point qu'on y comptait *quatre cent mille* hommes atteints de cette maladie. 2°. Les Procès-Ver-

---

(1) Ce Rapport de la Commission d'Examen dit positivement que le Remède-Mettemberg est bon en soi, mais il affaiblit le mérite de la Découverte.

baux d'Expériences multipliées qui ont été faites de ce Remède, à diverses époques; depuis 1795, en France, par ordre de différens Ministres, et en Espagne, par ordre du Gouvernement, au grand Hôpital de Madrid;

3°. Les résultats qui, partout, ont constaté l'efficacité de ce Remède;

4°. La récompense à laquelle l'Inventeur paraît avoir droit, en exécution de l'art. 3 du Décret du 18 août 1810.

La Commission de Révision développe les divers avantages du Remède, et conclut ainsi :

« D'après tous ces titres, la Commission de Révision pense que l'*Eau anti-psorique* de Met-
» temberg *mérite la confiance publique, dans les Gales récentes et dans les Gales dégénérées; que son*
» *emploi serait principalement utile dans les armées, par* l'AVANTAGE QU'ELLE A SUR TOUTE AUTRE
» PRATIQUE MÉDICALE, *de maintenir le soldat en état de service, et de ne pas altérer les linges ni les*
» *vêtemens qu'il porte durant son usage.* »

Quant à la récompense due à l'Inventeur, la Commission de Révision dit :

« La somme de *six mille francs,* proposée par la Commission d'Examen à titre de gratification au
» sieur Mettemberg, ne semble point être en rapport *avec l'utilité reconnue* de son Remède, et les
» dépenses notables qu'il a faites pour en constater l'efficacité, par des Expériences toujours à ses
» frais, dans des lieux (Lyon, Lille, Madrid, etc.) si éloignés de sa résidence; dépenses qu'il n'a
» pu recouvrer par l'effet du Décret du 18 août 1810, qui, en prohibant la vente de tout Remède
» réputé secret, a rendu nul le Décret spécial du 6 février 1810, qui autorisait le sieur Mettemberg
» à vendre et à débiter son Remède en France.

» La Commission de Révision propose (et son opinion ne peut être qu'un vœu soumis à SA
» MAJESTÉ), *que, pour rendre l'*EAU ANTI-PSORIQUE, *d'une utilité plus générale, et être juste envers*
» *son Inventeur,* la propriété lui en soit conservée *durant trente ans.* »

Ce dernier vœu ne put être accueilli; et les motifs, honorables pour le sieur Mettemberg et sa Découverte, sont développés, dans le second Rapport de la Commission de Révision, du 11 janvier 1813, à Son Excellence le Ministre de l'Intérieur. On lit dans ce Rapport :

« Vous nous mandez, Monseigneur, que, quelque désir que Votre Excellence eût d'adopter une
» mesure dont nous connaissons l'utilité, Elle ne saurait proposer au Gouvernement d'accorder
» au sieur Mettemberg l'autorisation dont il s'agit (de débiter et vendre *exclusivement* son Remède
» durant trente ans), parce que cette proposition serait contraire aux dispositions du Décret du
» 18 août 1810, dont elle ne peut s'écarter; que cependant, *comme Votre Excellence reconnaît*
» *tout l'intérêt qu'il y aurait pour l'Humanité en général, et particulièrement pour nos armées,* dans
» l'emploi du Remède anti-psorique, Elle désire savoir, d'une manière positive, quel sacrifice le
» Gouvernement aurait à faire pour en acquérir la propriété. »

Ici la Commission rend compte des mesures qu'elle a prises, pour répondre dignement à la confiance *du Ministre;* et après avoir annoncé qu'elle avait *entendu* M. Mettemberg, conformément à la Loi, elle ajoute :

« M. Mettemberg a exposé avec des preuves suffisantes, que, depuis vingt ans qu'il a abandonné
» les diverses branches de l'art de guérir, auquel il se livrait, pour s'attacher au traitement de la
» Gale, *le produit net et annuel de la vente de son Remède s'était communément élevé à la somme*
» *de onze ou douze mille francs,* mais que, loin d'avoir rien mis en bourse, il avait dépensé plus
» que cette somme pour attirer de la confiance dans son Remède, par des Expériences à ses frais,
» commandées par le Gouvernement dans des lieux très éloignés de sa résidence, comme *Lyon,*
» *Lille, Paris, Saint-Denis,* et même *Madrid* en Espagne; qu'enfin, le Décret spécial du 6 fé-
» vrier 1810, qui semblait lui promettre un ample dédommagement de tous ses sacrifices, par
» l'autorisation d'établir des dépôts sur divers points de la France, n'a eu qu'un effet contraire
» à ses intérêts, par la prohibition presque immédiate portée par le Décret du 18 août 1810, sur
» la vente des Remèdes secrets. »

La Commission arrive aux objets les plus importans de sa mission, et s'exprime en ces termes :

« La Commission avait encore à s'assurer d'un avantage essentiel énoncé dans la Méthode de
» traitement de M. Mettemberg, savoir la non-suspension de l'instruction et du service militaire,
» ou, en d'autres termes, la possibilité d'exposer sans danger les malades à l'impression du froid,
» dans l'intervalle des lotions. Le sieur Mettemberg, auquel ce doute a été porté, s'est empressé de
» le lever, *en invitant tous les Membres de la Commission à suivre le traitement actuellement en*
» *activité à* PANTHEMONT, sur des Soldats des dépôts de la Garde, affectés d'une gale plus ou moins
» invétérée. Un mois s'étant écoulé, il résulte du relevé de la feuille de la piscine de *Panthe-*
» *mont,* de la déclaration de l'*Officier de santé* préposé à ce service, de tous les *soldats* soumis au
» traitement, du Colonel *Roidot,* commandant ces dépôts, que le fait énoncé par M. Mettemberg est
» exact, et les guérisons reconnues complètes. »

Dans son premier Rapport, la Commission avait cité diverses cures, et notamment celles opérées sous les yeux du Général Comte *Hullin,* Commandant la Place de Paris, sur six cents soldats casernés à la Nouvelle-France, sans qu'aucun d'eux eût été détourné de son service et de ses exercices.

En conséquence, l'honorable Commission, persistant dans son premier Rapport du 13 août 1812, termine ainsi celui du 11 janvier 1813 :

« La Commission de Révision, bien convaincue de tous ces avantages, a arrêté de vous présenter,
» Monseigneur, la déclaration suivante :
» 1°. La Méthode de traitement pour la Gale, par M. Mettemberg, est *nouvelle,* sûre et préfé-
» rable à toutes celles dont on a fait usage jusqu'à ce jour, sous le double rapport *de guérir les*
» *Gales récentes et les Gales invétérées, et de n'entraîner aucun accident consécutif,* QUAND ON A
» PROCÉDÉ FIDÈLEMENT, D'APRÈS SON INSTRUCTION ;
» 2°. Elle a l'avantage de conserver le linge et les vêtemens des malades; considération importante
» d'économie (1).
» Il doit être accordé à l'Auteur une récompense sous le double rapport des dépenses notables

---

(1) M. Mettemberg a prouvé par ses écrits, que l'emploi de sa Méthode épargnerait *dix-huit millions* par an, aux Contribuables.

» qu'il a faites pour constater l'efficacité de sa Méthode, *et pour les services que la Société et les*
» *Armées peuvent en retirer.*

» Cette dernière considération, sur laquelle Votre Excellence a chargé la Commission de prononcer, lui a paru fort délicate.

» D'une part, l'intérêt public veut la plus sévère économie; et, dans cette vue, la Commission,
» dans sa décision du 13 août dernier, assimilant au *Brevet d'invention* la Méthode curative du
» sieur Mettemberg, proposait à Votre Excellence qu'il abandonnât son secret pour la permission
» *exclusive* de vendre son Remède durant trente ans, *ce mode étant jugé plus propre qu'aucun autre*
» *à perfectionner sa Méthode, si elle en est encore susceptible, et à parer aux conséquences fâcheuses*
» *d'une manipulation et application routinières ; objet d'une si grande importance, que, dans le cas*
» *où* Votre Excellence *s'arrêterait à une indemnité pécuniaire, nous regardons la permission*
» *d'être vendu par l'Auteur, au moins concurremment avec les Pharmaciens, comme le seul*
» *moyen de conserver, par une sorte de contrôle, la Méthode du sieur Mettemberg, dans toute sa*
» *pureté.*

» D'autre part, la *justice* réclame une récompense encourageante et *proportionnée à l'utilité de*
» *cette nouvelle Méthode, dont les avantages ont été suffisamment exprimés,* contre un fléau dévas-
» tateur par sa dégénérescence, et particulièrement dans la *classe indigente, utile et laborieuse, et*
» *si répandu d'ailleurs dans les camps, dans les armées.*

» Par ces raisons, la récompense due à l'Auteur nous a paru devoir être mise hors de la ligne
» de celle accordée à M. *Pradier* (24,000 francs pour un remède contre la goutte) et à quelques
» autres, sur lesquels la Commission a déjà donné son Avis. Elle livre à votre sagesse, à votre
» justice, à prononcer à ce sujet : c'est à vous, Monseigneur, Administrateur suprême, à fixer cette
» indemnité et cette récompense, *ou à la soumettre à la bienveillance du Gouvernement.* »

Les deux Rapports qui viennent d'être cités sont signés, pour les Membres de la
Commission de Révision, par MM. Bosquillon, *président,* et Balleroy, *secrétaire.*
Ces noms respectables donnaient un nouveau poids aux motifs développés dans les
Rapports.

En conséquence le 3 février 1813, Son Excellence le Ministre de l'Intérieur présenta au Gouvernement son Rapport, qui fut renvoyé au Conseil-d'État, et suivi du
Projet de Décret suivant :

« Vu, 1°. Notre Décret du 18 août 1810, concernant les Remèdes secrets ;
» 2°. Notre Décret du 6 février 1810, qui autorisait le sieur Mettemberg à préparer, annoncer
» et vendre publiquement le Remède pour la guérison de la Gale, dont il est l'Auteur ;
» 3°. Les Rapports de la Commission d'Examen et de la Commission de Révision des Remèdes
» secrets, sur ledit Remède du sieur Mettemberg ;
» Sur le Rapport de notre Ministre de l'Intérieur, notre Conseil-d'État entendu, nous avons dé-
» crété et décrétons ce qui suit :
» Art. 1er. Il est accordé au sieur Mettemberg, ancien Chirurgien-Major aux Armées, pour
» l'acquisition et la publication du Remède pour la Guérison de la Gale, dont il est Auteur et Pro-
» priétaire, 1°. une somme de *quatre-vingt mille* francs, une fois payée; 2°. une pension annuelle
» de *dix mille* francs, réversible en totalité sur la tête de ses trois filles.
» Art. 2. Il est en outre permis au sieur Mettemberg de confectionner, vendre, débiter et an-
» noncer ce Remède, sa vie durant, concurremment avec les Pharmaciens. »

Les articles 3 et 4 déterminent le mode de paiement des *quatre-vingt mille* francs, et des *dix mille* francs de pension.

Ce Projet ne fut point adopté, parce que le Conseil-d'État, frappé de la différence qui existait entre le Rapport de la Commission d'Examen qui n'accordait que *six mille* francs, et les Rapports de la Commission de Révision, pensa que la religion du Gouvernement devait être éclairée par l'Avis de la Faculté de Médecine de Paris.

Mais le Décret du 18 mars 1813 qui ordonne le renvoi à cette Faculté, conformément à l'Avis du Conseil-d'État du 5 du même mois, maintint, jusqu'à l'acquisition du Remède-Mettemberg, par le Gouvernement, l'autorisation accordée à l'Inventeur, par Décret du 6 février 1810, de préparer, annoncer et vendre publiquement sa *Quintessence anti-psorique.*

Cette dernière disposition suffit pour prouver que le renvoi à la Faculté de Paris n'a pas eu pour objet de faire au préjudice du sieur Mettemberg une dérogation au droit commun, portant que lorsqu'un Remède communiqué au Gouvernement avait été reconnu non dangereux ou nuisible, il n'y avait lieu de statuer que sur les paragraphes II et III de l'art. 3 du Décret de 1810. S'il y avait eu le plus léger doute sur la question de savoir si le Remède-Mettemberg était ou n'était pas dangereux et nuisible, le Gouvernement n'aurait pas maintenu au sieur Mettemberg l'autorisation de préparer et vendre ce Remède.

La Faculté de Médecine de Paris, par son Rapport du 17 juin 1813, demanda qu'il fût fait de nouvelles Expériences du Remède-Mettemberg.

Une Décision de Son Excellence le Ministre de l'Intérieur, du 20 juillet 1813, régla le mode de ces *Expériences publiques, en présence* du sieur Mettemberg. Cette Décision, rapprochée du Décret d'autorisation et des Rapports précités, démontre que ces Expériences n'ont été ordonnées que pour examiner toutes les vertus du Remède et déterminer le prix d'acquisition.

En 1813 et 1814, cette Décision reçut un commencement d'exécution, *en présence du sieur Mettemberg, et publiquement.*

Les évènemens succédèrent aux évènemens. L'affaire Mettemberg fut enveloppée dans le tourbillon général; mais la Charte avait garanti les droits de l'*Inventeur de l'Eau anti-psorique*, à l'indemnité qui lui est due en exécution du Décret du 18 août 1810. En attendant qu'il fût possible de régler cette indemnité, le sieur Mettemberg continuait « à préparer, annoncer et vendre publiquement son Remède, conformé- » ment au Décret du 18 mars 1813 », lorsqu'un Membre de l'Académie, ex-Pharmacien de *Napoléon*, Secrétaire-Rapporteur du Conseil de Salubrité de la Préfecture de Police, et l'un des Rédacteurs du Journal de Pharmacie, osa répéter dans ce Journal, en 1821, un article calomnieux, inséré en 1802 dans le Recueil périodique de la Société libre de Médecine de Paris, contre le sieur Mettemberg et sa Découverte. Mais on ne pouvait faire impunément en 1821, ce que l'on avait fait impunément en 1802. La restauration avait posé des règles précises, pour empêcher qu'un honnête homme ne pût être impunément calomnié par un libelle.

Le sieur Mettemberg, attaqué dans son honneur et dans sa propriété, fut forcé de provoquer le Jugement correctionnel, dont il est nécessaire de citer les dispositions qui suivent :

« ATTENDU, 1°. que, dans un article inséré au n° 7 de la sixième année du *Journal de Phar-*
» *macie,* pages 347, 348 et 349, C.... G......... accuse *Mettemberg* de charlatanisme, lui reproche
» l'audace et l'impudence avec lesquelles il s'annonce comme privilégié lorsqu'il ne l'est pas, et
» signale toute sa conduite comme marquée au coin de la présomption et de l'ignorance;

» 2°. Que dans un article signé *Demay-Desfontaines,* mais inséré sous la garantie personnelle et sur
» la demande expresse de C.... G........, au n° 11 du même journal et de la même année, pages 556,
» 557, 558 et 560, il est dit que Mettemberg ne cherche à soulever contre C.... G......... les Nobles,
» les Prêtres, les Sœurs-Grises et les Ministres, que pour trouver une occasion de remonter sur
» ses tréteaux, et de tambouriner de nouveau les vertus de son Spécifique mortifère; qu'on y
» rappelle avec complaisance un article du *Dictionnaire des Sciences médicales,* dont l'Auteur
» regarde comme un devoir de faire justice d'un Remède aussi dangereux que l'*Eau anti-psorique*
» *de Mettemberg,* d'un poison artificieusement présenté comme le plus merveilleux des Spéci-
» fiques, et d'un charlatanisme effronté qui a révolté tous les gens instruits, tous les honnêtes gens;
» et qu'il est terminé par ce passage :

» *Si le sieur Mettemberg sent qu'il est dans son intérêt de ne pas provoquer la lumière, nous*
» *devons espérer aussi que l'Autorité bien avertie, sentira qu'il est de l'intérêt public de faire cesser,*
» *à Paris et dans les départemens, la vente d'un Remède si dangereux, et les annonces scandaleuses*
» *de son ignorant compositeur.*

» ATTENDU que ces imputations graves sont attentatoires à l'honneur, à la considération et à la
» fortune de Mettemberg;

» ATTENDU que Mettemberg n'est point un agent de l'Autorité, et qu'il n'a point agi comme
» revêtu d'un caractère public dans la distribution de son *Eau anti-psorique ;*

» ATTENDU, d'ailleurs, que, de l'aveu de C.... G........, le reproche de charlatanisme et tous ceux
» qui s'y rattachent ne peuvent s'adresser qu'aux distributeurs de remèdes secrets *non autorisés;*

» ATTENDU qu'un Avis du Conseil-d'État, en date du 5 mars 1813, approuvé le 18 du même mois
» par le Chef du Gouvernement, a maintenu l'autorisation accordée à Mettemberg, par Décret
» spécial du 6 février 1810, de préparer, annoncer et vendre le Remède anti-psorique dont il est
» l'Inventeur, jusqu'à décision relative à l'acquisition de ce remède par le Gouvernement;

» ATTENDU qu'en cet état C.... G........, Membre du Conseil de Salubrité, qui n'est pas une
» Autorité dans l'État, et qui n'a droit de diffamer personne, pouvait bien adresser des mémoires
» à l'Autorité, et même écrire dans les papiers publics contre l'*Eau anti-psorique* de Mettemberg,
» en développant avec modération les effets nuisibles qu'il lui attribue; mais qu'en accusant Met-
» temberg de présomption, de charlatanisme et d'ignorance, en traitant d'annonces scandaleuses
» celles de son *Eau anti-psorique,* et de poison dangereux *cette Eau, dont la distribution a été jusqu'à*
» *présent autorisée par l'Administration supérieure,* il est sorti des bornes d'une sage critique, et
» s'est véritablement rendu coupable du délit de diffamation prévu par les articles 13 et 18 de la loi
» du 17 mai 1819;

» Mais , attendu que les imputations graves dont se plaint Mettemberg n'ont été consignées
» par C.... G......... que dans le Journal de Pharmacie, spécialement destiné aux discussions sur la
» nature et le mérite de toutes sortes de remèdes, et que C.... G......... paraît avoir été emporté par
» son zèle pour la science et le désir de faire *prévaloir l'opinion du Conseil de Salubrité dont il est*
» *Membre,* contre un remède qu'il désapprouve, plutôt que par animosité contre Mettemberg ;

» Attendu que , d'après ces circonstances atténuantes, il y a lieu de n'appliquer à C.... G.........
» que la moins rigoureuse des peines prononcées par la loi :

» Le Tribunal condamne C.... G........., par corps, en deux cents francs d'amende ;

» Faisant droit sur les conclusions de la partie civile,

» Condamne ledit C.... G......... à payer à Mettemberg la somme de cinq cents francs, à titre de
» dommages-intérêts ;

» Ordonne l'impression du présent Jugement au nombre de cent exemplaires, et son affiche dans
» la ville de Paris, et dans les cantons du ressort de ladite ville, au nombre de cinquante
» exemplaires.

» Et condamne par corps C.... G......... aux dépens, dans lesquels seront compris les frais de l'im-
» pression et de l'affiche du présent Jugement.

» Fait et jugé en l'audience publique de la cinquième Chambre dudit Tribunal , jugeant en police
» correctionnelle, par MM. Chrétien de Poly , *Président,* Chevalier de l'Ordre Royal de la Légion-
» d'Honneur ; Dufour et Charlet , *Juges;* le mercredi 1ᵉʳ août 1821. »

OBSERVATIONS.

Il importe de ne pas perdre de vue le paragraphe du Jugement, portant que le
condamné *avait cherché à faire prévaloir l'opinion du Conseil de Salubrité dont il
était Membre.* Ce paragraphe et ceux qui rappellent les articles calomnieux répétés
par le condamné , prouvent que le sieur C.... G......... a été *l'écho* d'une *Coterie,* et
que c'est cette Coterie qui a été condamnée en la personne de ce Pharmacien, Membre
de l'Académie.

Ce Pharmacien mourut, et le sieur Mettemberg oublia sur sa tombe tout le mal
qu'il avait voulu lui faire. Mais ces *jalousies,* ces *passions,* qui (suivant les expres-
sions de Son Excellence le Ministre de l'Intérieur, M. le Comte de Corbière) sont dans
le cœur de l'homme et ne demeurent pas toujours sans action, ne touchèrent les cen-
dres glacées du mort que pour s'échauffer, se ranimer contre celui qui avait été forcé
de faire imprimer le sceau de la calomnie sur le front dudit sieur C.... G........., et
de tous les Membres de la *Coterie,* condamnés en la personne de ce Pharmacien.

Les complots des hommes se dévoilent par l'exécution : les faits suivans vont dé-
céler le complot ténébreusement ourdi et exécuté contre l'honneur et la fortune du
sieur Mettemberg.

En 1813 et 1814, la *Décision Ministérielle* du 20 juillet 1813, réglant le mode
des nouvelles Expériences ordonnées après le Décret du 18 mars 1813, avait reçu un
commencement d'exécution , *en présence* du sieur Mettemberg , et *publiquement,* par
la Commission de l'ancienne Faculté de Médecine de Paris, composée de cinq Membres,

mais réduite, par le fait, à trois, MM. les Professeurs *Percy, Leroux* et *Richerand*, qui procédèrent avec le sieur *Mettemberg* au traitement *comparatif* et à la cure des *Gales légères* et *invétérées*. Restaient à faire, comme restent encore les *contre-épreuves*, et le traitement des Gales *dégénérées* et *compliquées*.

Le travail de la Commission avait été suspendu, lorsque, par sa lettre du 20 novembre 1820 à Son Excellence le Ministre de l'Intérieur, le sieur Mettemberg fut obligé de se plaindre de ce que la Formule de sa Quintessence, *qu'il avait confiée au Gouvernement* pour se conformer au Décret du 18 août 1810, et qui devait demeurer *secrète* jusqu'à l'acquisition du Remède par le Gouvernement, venait d'être publiée *de la manière la plus perfide, à la fois amplifiée et tronquée à dessein, en deux parties importantes*, dans le Journal de Pharmacie du mois de novembre 1820, par le sieur C.... G........., c'est-à-dire par le même Pharmacien condamné en 1821, par Jugement correctionnel sus-énoncé.

Par cette lettre du 20 novembre 1820, le sieur Mettemberg prouvait que sa Formule était déposée, sur la foi du secret, à la Commission de la Faculté de Médecine; que c'est par un abus de confiance qu'on avait pu la publier dans un Journal, pour la dénaturer avec perfidie; que cet abus et cette perfide publication, attentatoires au droit de propriété du sieur Mettemberg, appelaient d'autant plus l'attention du Gouvernement, qu'il y avait violation de la foi jurée par l'art. 2 du Décret du 18 août 1810, et que le Public était exposé à être victime d'une contrefaçon dangereuse. Le sieur Mettemberg profita de l'abus de confiance dont il était victime, pour faire ressortir les vices des opérations commencées par la Commission de la Faculté de Médecine, dépositaire de la Formule publiée avec perfidie dans le Journal de Pharmacie. D'après cet exposé, le sieur Mettemberg présenta des réclamations tendantes, d'une part, à la répression de l'abus dont il était forcé de se plaindre, et, d'autre part, à ce que Son Excellence daignât donner suite à la proposition qui avait été faite dans le temps, pour compléter, à l'égard du sieur Mettemberg, l'exécution du Décret du 18 août 1810, et lui faire payer le prix d'acquisition accordé par la Loi et garanti par la Charte.

Cette lettre détermina le Ministre à prendre des renseignemens; mais un changement dans le Ministère ajourna cette Décision.

Enfin, le 16 mars 1821, le Ministre, répondant à la lettre du sieur Mettemberg, du 20 novembre 1820, daigna lui annoncer que le Doyen de la Faculté de Médecine de Paris venait de répondre à Son Excellence que la Faculté de Médecine était absolument étrangère à la publication de la Formule dans le Journal de Pharmacie, du mois de novembre 1820. Mais déjà le Pharmacien, qui s'était permis cette publication perfide, avait cru pouvoir aussi se permettre impunément la calomnie insérée dans le même journal contre le sieur Mettemberg : *le calomniateur fut condamné.*

Ce Pharmacien était Secrétaire-Rapporteur du Conseil de Salubrité de la Préfec-

(15)

ture de Police, Conseil condamné en la personne de son Secrétaire-Rapporteur, en sa qualité de Rédacteur du Journal de Pharmacie. Le sieur Mettemberg éprouva, à raison de la vente de son Remède, quelques obstacles de la part de la Préfecture de Police ; mais il en triompha, grâces à son Décret d'autorisation et à la justice de M. le Préfet de Police, qui, ainsi que ses Bureaux, ne furent pas disposés à servir les passions d'une *Coterie*. Cette Coterie prit une autre tournure.

Le 17 juin 1821, le nouveau Ministre de l'Intérieur, prenant en considération la réclamation du sieur Mettemberg, du 27 novembre 1820, tendante à obtenir le complément du Décret du 18 août 1810, renvoya cette affaire à l'Académie Royale de Médecine, remplaçant l'ancienne Faculté, pour qu'elle donnât son Avis.

L'Académie fit le renvoi à une Commission ; dans cette Commission figurent des Membres du Conseil de Salubrité, condamné en la personne de son Secrétaire-Rapporteur. Le Rapporteur de cette Commission est, 1°. Beau-Frère d'un Pharmacien, Membre de la Coterie condamnée, en la personne de l'ex-Pharmacien de *Napoléon;* 2°. ancien Collègue et ami de ce Pharmacien condamné ; 3°. ancien Collaborateur du journal où fut inséré, en 1802, l'article *calomnieux* qui, répété, en 1821, dans le Journal de Pharmacie, fut mis au *pilori*, en vertu du susdit jugement correctionnel.

Que devaient faire ledit Rapporteur et les Membres de la susdite *Coterie condamnée ?*

Ils devaient s'abstenir, et ils ne se sont pas abstenus ; ils ont été *juges* et *parties.* Ils devaient procéder aux Expériences *publiquement, et en présence du sieur Mettemberg ;* ils ont procédé *clandestinement en l'absence du sieur Mettemberg,* malgré ses réclamations et protestations. (Voir les lettres imprimées du sieur Mettemberg, avec la Réfutation en regard du Rapport de la Commission de la Faculté, et les deux Rapports *approbatifs* de la Commission de Révision.)

Ils ne pouvaient plus mettre en question *ce qui avait été jugé;* il leur était interdit d'examiner *si le Remède était nuisible ou dangereux :* le contraire avait été reconnu par des actes irréfragables. Ils devaient se borner à examiner le Remède, pour déterminer l'indemnité due au sieur Mettemberg et garantie par la Charte. Ils ont violé la Charte et toutes les Lois, déclaré le Remède *dangereux,* converti en Rapport officiel *ce qui avait été réprimé comme calomnie* par la justice. Le sieur Mettemberg a inutilement réclamé le droit naturel de défense ; il n'a pu même avoir communication du Rapport dont il connaît le résultat par la voie publique. Les jalousies et les passions signalées par M. le Comte de Corbière, Ministre de l'Intérieur, à la Tribune de la Chambre des Députés, séance du 20 avril 1825, ne sont pas muettes. La Coterie condamnée correctionnellement, en la personne de l'un de ses Membres, a déjà proclamé au dehors *que le Remède-Mettemberg serait proscrit, comme ces Remèdes nuisibles que le charlatanisme impose à la crédulité publique.*

CONCLUSION.

Cet enchaînement extraordinaire de *faits* et d'*intrigues*, dont nous avons retracé les preuves matérielles, en disent plus que tous les raisonnemens ; nous n'avons pas besoin d'insister pour établir que le Gouvernement ne peut s'arrêter au dernier travail de la Commission chargée de compléter, à l'égard du sieur Mettemberg, l'exécution du Décret du 18 août 1810, et que ce travail doit être rejeté , annulé en tant que de besoin, comme irrégulier en la forme, inconstitutionnel, injuste au fond, et même comme outrageant, d'une part, pour tous les Ministres, Administrateurs, les honorables Médecins, les Maréchaux, les Généraux, les Officiers supérieurs, les Préfets, les divers Fonctionnaires qui, en France, ont reconnu le Remède utile ; et, d'autre part, pour tous les Rois, de Prusse, d'Angleterre, etc., en un mot, pour tous les Gouvernemens, leurs Ministres et leurs Médecins, qui ont autorisé et contribué à propager la vente du Topique-Mettemberg dans divers États. Car, si on convertissait en Ordonnance Royale le Rapport qui assimile la nouvelle Méthode Chirurgico-Médicale, ou le Topique-Mettemberg, aux Remèdes *dangereux*, pour la santé et la vie des hommes, il s'ensuivrait que tous les Rois, Ministres, Médecins, Généraux, Préfets, etc., etc., etc., qui ont autorisé ce Remède et contribué à le propager, ont compromis la vie des hommes *pour favoriser un charlatan !*

Au fond, les conclusions prises sont si évidentes, que, d'après les développemens que nous venons de présenter, il devient superflu de les accompagner d'observations particulières.

Le Gouvernement peut de suite fixer l'indemnité due au sieur Mettemberg, puisqu'il s'en réfère à la munificence Royale. Dans le cas où le Gouvernement en déciderait autrement, les CONCLUSIONS SUBSIDIAIRES, tendantes à une autre vérification *contradictoire* et régulière pour compléter l'exécution de la Décision Ministérielle, du 20 juillet 1813, sont incontestables.

Si, dans la vue de protéger une Découverte utile et autorisée, en exécutant à l'égard du sieur Mettemberg les dispositions du Décret du 18 août 1810, Son Excellence daignait adopter la mesure proposée par les deux Rapports de la Commission de Révision, des 13 août 1812 et 11 janvier 1813, et *substituer* ainsi à une *Indemnité pécuniaire*, qui lui est due, la conservation de sa Propriété pendant un temps convenable et limité, Elle concilierait les droits de l'Auteur avec l'intérêt de la Justice et celui de la Société.

Cette dernière mesure serait d'ailleurs en harmonie avec les principes que le Gouvernement veut établir sur la conservation des Propriétés littéraires.

Fait à Paris, le vingt-deux avril mil huit cent vingt-six.

Signé METTEMBERG.

PIÈCES OFFICIELLES

ET

FAITS CONSTANS

QUI, D'UNE PART, JUSTIFIENT LE SUCCÈS DE LA DÉCOUVERTE-METTEMBERG, ET, DE L'AUTRE, DÉVOILENT LES JALOUSIES ET LES PASSIONS QUE L'AUTEUR EST FORCÉ DE COMBATTRE DEPUIS TRENTE-DEUX ANS.

Les anciennes Pièces officielles qui suivent rappelleront à Messieurs les Agens du Gouvernement que l'*opposition* des Commissaires de la Faculté et de l'Académie de Médecine de *Paris*, à la Découverte CHIRURGICO-MÉDICALE dont il s'agit et à SES PROGRÈS, est *semblable* à celle qui fut formée, en 1806, par la Commission spéciale de Médecine de *Lyon*, et précédemment par le Directeur de l'École de Médecine de *Paris;* opposition qui a *été levée* par les Décrets spéciaux d'*autorisation,* des 6 février 1810 et 18 mars 1813. Ces Pièces sont :

Sous le N° 1, la Requête de Mettemberg, datée de Lyon, le 20 avril 1806, à Sa Seigneurie M. le Marquis d'HERBOUVILLE, Pair de France, alors Préfet du Rhône, sur le refus fait par les Médecins-Commissaires d'obtempérer aux ordres du Ministre; suivie de la Décision de Son Excellence.

N° 2. État de l'admission des Malades à l'Hôtel-Dieu de Lyon, et de leur remise immédiatement après 40 jours de l'application du *Topique-Mettemberg.*

N° 3. Mémoire de Mettemberg, daté de Lyon, le 3 septembre 1806, à Sa Seigneurie M. le Duc de CADORE, alors Ministre de l'Intérieur, en Réponse à l'OPINION que *vingt-deux* Médecins-Commissaires aux Expériences publiques ont émise en contradiction avec eux-mêmes, c'est-à-dire avec les *faits* consignés dans les Procès-Verbaux dont ils ont officiellement reconnu l'authenticité et la véracité.

N° 4 et 5. Deux lettres dont les originaux, déposés au Ministère de l'Intérieur, ont été adressés à M. le Docteur CARRET, alors Membre du Tribunat, par deux Médecins-Commissaires des plus distingués de la ville de Lyon. Un Extrait de ces lettres explique ce qui s'est passé dans la Commission.

N° 6. Certificat et Déclaration des *Administrateurs* chargés de l'intérieur de l'Hôtel-Dieu de Lyon.

N° 7. Rapport adressé à Son Excellence le Ministre de l'Intérieur, par M. le Président de l'Administration des Hôpitaux de Lyon.

3

N° 8. Observations et demande de Mettemberg au Ministre, du 10 septembre 1806, lors de son retour de Lyon; suivies d'une Décision de Son Excellence.

N° 9. Lettre de Mettemberg, du 5 fructidor an XIII, à M. le Baron DE GÉRANDO, Conseiller-d'État, *Président du Conseil Supérieur de Santé*, alors Secrétaire-Général du Ministère de l'Intérieur, sur les démarches *astucieuses* du Directeur de l'École de Médecine de Paris; suivie de la Réponse de M. le Baron, et d'une Décision de Son Excellence.

N° 1.

Lyon, le 20 avril 1806.

REQUÊTE DE METTEMBERG.

A Monsieur d'HERBOUVILLE, *Préfet du Département du Rhône, l'un des Commandans de la Légion-d'Honneur.*

MONSIEUR LE PRÉFET,

La plupart des découvertes utiles ont été, dans leur origine, l'objet des contradictions les plus marquées. Cette variété d'opinions a sa source dans l'imperfection humaine : et s'il fallait lui assigner une cause plus déterminée, on la trouverait dans l'influence des petites passions qui agissent sur tous les hommes. Les uns adoptent avec enthousiasme, les autres rejettent avec prévention, tout ce qui porte le cachet de la nouveauté ; et presque toujours, ce n'est que du temps et de l'expérience que la vérité reçoit ce caractère d'immutabilité qui lui est propre.

Je crois avoir enrichi le domaine de l'art d'une Découverte importante. Des succès constans ont marqué déjà les avantages que doit offrir mon Spécifique anti-psorique.

Lyon est une des villes que son Excellence le Ministre de l'Intérieur a désignées, pour y renouveler les expériences destinées à constater l'efficacité de mon Remède.

Le Magistrat qui remplissait momentanément vos fonctions a nommé une Commission composée de MM. *Petetin, Martin* (*de Saint-Genis*), *Lautier, Calladon* et *de Loisy.* Vous avez adjoint à ces Messieurs le docteur *Petit.*

La Commission a fait son Rapport. M. *Petit* n'a point adopté les conclusions qu'elle a prises : il a émis une opinion particulière.

L'Avis de la Commission prouve que les hommes les plus instruits et les plus sages sont sujets à l'erreur.

Je suppose, en effet, que *l'analyse* et la *synthèse* faites par MM. *Tissier* père et fils, soient exactes, soient véritables : des Médecins devaient-ils craindre d'approuver les expériences thérapeutiques que désire Son Excellence le Ministre ? Les substances reconnues par les Chimistes ne sont-elles pas utilement employées à *l'intérieur* et à *l'extérieur* par la Médecine ? Cependant la conséquence de l'opinion que la Commission a manifestée serait de les bannir de toute préparation médicale. Mais chaque jour les hommes de l'art ont l'occasion de reconnaître qu'une application nouvelle produit d'heureux résultats, et souvent ils se convainquent que la manière de l'employer est aussi précieuse, est aussi importante que la substance elle-même.

A quoi donc attribuer une conclusion si contraire aux principes connus ? Loin de moi la pensée d'en chercher la cause dans des motifs étrangers aux progrès de la Science et au bonheur de l'Humanité : je respecte, je rends hommage à la pureté des intentions qui animaient tous les Membres de la Commission; mais l'infaillibilité n'est pas plus le partage des Médecins que des autres hommes.

M. *Petit* n'a point adopté l'Avis de ses Collègues : son Opinion me console de la décision des autres. Ce Médecin est du petit nombre de ceux dont on pèse le suffrage.

Ce qui m'étonne, c'est de n'avoir pas vu M. *Lautier* s'isoler de ses Collègues, pour conserver l'indépendance de son Opinion. Il a été long-temps le distributeur de mon Remède; il en a apprécié les effets, il en a proclamé le succès, les avantages; et tout-à-coup il s'est déclaré l'antagoniste de ma Découverte, il l'a décriée, il l'a blâmée, il l'a réputée *dangereuse*. Mais le Médecin qui exerce est donc bien différent du Médecin qui délibère? Quoi! M. *Lautier* près d'un Malade aurait des idées opposées, un sentiment contraire, à ceux qu'il apporte au sein d'une Commission! Quoi! il se pourrait qu'il eût ordonné au Malade le même Remède qu'il vient de signaler à la réprobation de ses Confrères! En vérité, c'est pour la première fois qu'on aura remarqué l'identité d'un Docteur se partager au gré des circonstances.

Et ne pensez pas, Monsieur le Préfet, que mes observations sur l'avis de M. *Lautier* ont pour objet de faire sourire la malignité : je transcris ici les lettres qu'il a eu la bonté de m'adresser dans un temps où il ne s'attendait pas à être Membre d'une Commission.

Lyon, ce 12 octobre 1801.

« Monsieur,

» D'après votre lettre, vous me parlez de mon beau-père: il est vrai que M. *Tissier* a cherché à
» décomposer votre Remède; il est vrai qu'il vend une liqueur ; mais soyez assuré qu'il ne connaît
» réellement pas la manière dont la vôtre est composée ; d'ailleurs des personnes, à ma connaissance,
» qui ont fait usage de sa liqueur n'en ont tiré aucun succès; j'ai été obligé de leur administrer votre
» Quintessence, qui les a parfaitement guéries. J'ai communiqué à M. *Macors* les observations que vous
» m'avez faites à ce sujet; d'après son avis, je me suis décidé à ne point lui en parler : la supériorité de
» votre Remède est le seul moyen de le faire taire. Il y a aussi d'autres Pharmaciens à Lyon qui s'a-
» visent d'en vendre; il serait impossible de les en empêcher. Croyez que tout cela ne fera qu'aug-
» menter la confiance et la réputation que mérite un Remède précieux tel que le vôtre.

» *Signé* Lautier. »

Lyon, ce 6 décembre 1801.

« Je vous dirai, mon cher Mettemberg, que j'ai tous les jours, de plus en plus, la parfaite convic-
» tion de l'excellence de votre Quintessence, dans les maladies de la peau; j'en ai remis à plusieurs
» personnes que vous m'avez adressées, d'abord à un Officier du génie qui est de Lyon, ensuite au
» Général Partouneaux, qui a été débarrassé par son usage de douleurs de tête insupportables, qui
» avaient résisté aux remèdes les mieux administrés, etc.

» *Signé* Lautier. »

Lyon, ce 30 mai 1803.

« Monsieur,

» Ayant été nommé Chirurgien en chef de l'hospice de la *Quarantaine,* depuis environ dix mois,
» je viens encore d'être nommé par le Préfet, pour examiner les Nourrices et les Enfans : toutes

» ces occupations m'empêchent de continuer à être le dépositaire de votre Quintessence. Recevez
» mes regrets; croyez que cela n'empêchera pas que je ne sois toujours aussi empressé de vous rendre
» toute la justice que vous méritez à tant d'égards, et croyez à l'amitié bien sincère de votre dévoué
» serviteur.

» Signé LAUTIER. »

____

Déjà on avait dit que le *sublimé corrosif*, qui, suivant quelques Chimistes, entre dans ma composition, rendait ce Remède *dangereux*. J'ai répondu à cette assertion, et j'ai l'honneur de vous adresser quelques exemplaires de mon Travail. (*Voir la Réfutation des assertions hasardées par le Pharmacien* Mandel, *de Nancy, premier écho de la* Coterie.)

Mais les succès que j'ai obtenus depuis onze années ne peuvent pas être anéantis par l'opinion de la Commission; et ce serait contrarier les vues bienfaisantes de son Excellence le Ministre de l'Intérieur, que de s'arrêter à une décision qui ne doit pas être sans appel.

C'est pourquoi j'ai l'honneur de vous proposer, Monsieur le Préfet, de réunir dix Médecins et Chirurgiens, choisis parmi ceux que la reconnaissance publique a signalés, pour leur soumettre cette unique question :

« D'après les expériences chimiques faites par MM. *Tissier* père et fils, de la Quintessence anti-
» psorique dite Eau de Mettemberg, peut-on sans danger employer ce Remède extérieurement avec
» les modifications convenables et indiquées par l'Auteur, ou selon sa Méthode de l'employer telle
» qu'elle a été envoyée officiellement d'après les ordres du Ministre? »

Ces Messieurs émettront leur avis au bas du Procès-Verbal de l'*analyse.*

J'ai la certitude qu'ils se réuniront à l'opinion de M. *Petit*, et qu'ils consentiront à être les témoins des Expériences thérapeutiques que leur célèbre collègue a proposé de faire.

J'ose vous prier d'ordonner encore, pour la facilité des Commissaires, que les Expériences, qui devaient avoir lieu à l'hospice de l'Anticaille, se feront à l'Hôpital-Général, dans une salle qu'on destinera à cet effet, et que l'on pourra prendre à l'Anticaille, comme dans les autres hospices, les sujets convenables aux Expériences.

A l'Hôtel-Dieu, les intentions de son Excellence le Ministre pourront être très bien remplies : beaucoup d'Officiers de santé y demeurent, et chaque Commissaire pourra facilement observer, tous les jours, les effets du Remède; tandis qu'à l'Anticaille les Expériences et les Observations seraient nécessairement confiées à des Officiers de santé qui n'y séjournent point, et qui seraient obligés d'y aller exprès, tous les soirs, pour l'application du Procédé.

En me recommandant à votre bienveillance, je suis avec respect,

Monsieur le Préfet,

Votre très humble, très obéissant et très dévoué serviteur,

Signé METTEMBERG,

Officier de santé de la Garde et Maison du Sénat,
chez M. *Macors*, Pharmacien-Chimiste, rue Saint-Jean.

NOTA. D'après les Instructions positives du Ministre, en date du 31 mai 1806, ce n'étaient point des argumens, mais des *faits* que le Gouvernement demandait; et les Commissaires devaient se borner à constater l'état des Malades soumis à l'application de la *Quintessence anti - psorique* de Mettemberg, et à être les témoins des opérations.

N° 2.   EXPÉRIENCES DE LYON.

ÉTAT des Malades choisis dans divers rangs de l'Hôtel-Dieu, et ensuite réunis dans une salle particulière de ce grand Établissement ; État reconnu et signé par la Commission spéciale, le 25 juin 1806.

ÉTAT dans lequel ont été rendus les Malades, le 5 août suivant, immédiatement après 40 jours du traitement dirigé par Mettemberg, sous l'inspection des Commissaires ; État constaté.

JEAN-CHARLES DESSI, âgé de 24 ans, Prussien, eut, il y a neuf ans, la Gale, qui dura un an. Pendant six ans il se porta bien, et il y en a trois qu'il prit la fièvre dans un pays très marécageux de la Hongrie. Elle s'est renouvelée tous les ans avec le type de quarte, et revenant à divers intervalles. Depuis neuf mois il habite Lyon, et depuis un mois la fièvre s'est manifestée de nouveau. A cette dernière époque parurent quelques boutons de Gale, qui suivirent le développement et l'accroissement de la fièvre. Ces boutons ont à peu près disparu, par un traitement qui a pour base l'onguent citrin.

Il n'a plus de fièvre quarte. Depuis long-temps il n'éprouve plus de démangeaisons, et sa peau est généralement souple, ferme, blanche et dans son état naturel. Moiteur pendant la nuit, fraîcheur de la figure, bon sommeil et bon appétit. Sa santé s'est fortifiée.

JACQUES ROBIN, âgé de 26 ans, d'une conformation athlétique, eut, à l'âge de 15 ans, une fièvre intermittente qui a duré 18 mois. Il en éprouva une autre, il y a 3 ans; elle fut guérie en 18 jours. Il y a 7 ans qu'il fut atteint de la Gale. Le malade se confia à une femme qui, suivant lui, le traita avec l'arsenic: des boutons furonculeux suivirent le traitement. Il y a six mois qu'il reprit la même maladie, qui a été traitée méthodiquement par les préparations sulfureuses. Dans son état actuel, le malade présente affection des poumons et infiltration de ce viscère, toux, enrouement, expectoration purulente, légère oppression avec un œdème général qui s'est développé depuis 20 jours.

Son enrouement est dissipé avec tous les symptômes qui accompagnaient son œdème général; il n'y a plus chez lui affection des poumons, ni infiltration de ce viscère, ni toux, ni expectoration purulente, ni oppression, et il se trouve bien rétabli. Selles naturelles, ainsi que les urines: moiteur pendant la nuit; bon sommeil et bon appétit : les forces lui sont déjà bien revenues, et il compte commencer à travailler demain, de son métier de charpentier.

Nota. Dans sa séance générale du 21 juillet, la Commission spéciale avait pronostiqué la mort de Robin.

GEORGE CHATELAIN, âgé de 16 ans, natif de Lyon, doreur sur bois, fut, il y a huit ans, atteint de la Gale, qui paraît avoir été suivie de maux d'estomac, qu'il éprouve depuis cette époque. Maintenant il présente une fièvre tierce avec quelques symptômes qui semblent indiquer une affection de poitrine. Il a craché le sang pendant trois jours. Quelques parties de son corps offrent les traces de plusieurs coupures qui se sont difficilement cicatrisées.

Il continue à ne plus éprouver de maux d'estomac, ni d'accès de fièvre tierce, ni aucune affection de poitrine. Il ne crache plus le sang; moiteurs pendant la nuit; bon sommeil et bon appétit : sa constitution est considérablement améliorée.

CHARLES REVOL, âgé de 43 ans, fut, il y a 13 ans, atteint de la Gale. Depuis cette époque, il est affecté de dartres sèches à la partie interne des cuisses. Dans son état actuel, il présente les dartres indiquées, et depuis un mois il souffre des douleurs dans la région des lombes.

Depuis long-temps il ne ressent plus de douleurs dans la région des lombes. Il est guéri de ses dartres à la partie interne des cuisses. Les parties qui étaient dartreuses continuent à pâlir et à reprendre leur état naturel : bonne santé d'ailleurs.

PIERRE-TOUSSAINT GENIÈVRE, âgé de 21 ans, conscrit, et affecté de la Gale depuis deux mois. Il est entré à l'hospice le 11 mai, pour une fièvre tierce, qui a cédé complètement aux moyens que l'art indique dans ce cas. Son état actuel présente, avec une assez bonne constitution, une éruption presque générale, affectant le caractère de pustules vénériennes. Il est de plus affecté de croûtes de nature dartreuse vers le coccix. Le Malade n'a

Les croûtes de nature dartreuse vers le coccix et aux coudes n'existent plus. Les places qui étaient croûteuses perdent tous les jours de leur rougeur, et reprennent leur état naturel. L'éruption presque générale, affectant le caractère des pustules vénériennes, est anéantie. La peau est généralement souple, ferme et blanche. Il continue à déclarer qu'il ne ressent plus de démangeaisons. Moiteur pendant la nuit; fraîcheur de la figure;

jamais eu d'affection vénérienne, et c'est la première fois qu'il est atteint de la Gale.

JEAN BISSISÈRE, âgé de 24 ans, conscrit, entré à l'hospice le 2 juin, où il a été traité d'une fièvre adynamique très grave. Sa constitution est très affaiblie par une Gale sèche, qui date de six mois, et contre laquelle on n'a encore rien entrepris. Son état actuel présente une éruption générale, des démangeaisons très vives, une grande faiblesse et de fréquentes insomnies.

JEAN-BAPTISTE BODANGUIN, âgé de 22 ans, conscrit, est entré à l'hôpital avec une fièvre qui a exigé l'application de quatre vésicatoires. Il eut la Gale il y a onze ans, il l'a contractée de nouveau dans l'hospice, où il a déjà pris des remèdes pour la combattre; elle paraît marcher vers la guérison. Il présente depuis trois jours une diarrhée sanguinolente; et il lui reste un ulcère psorique superficiel à la jambe.

PAUL-ANIEL MAINDAGU, âgé de 21 ans, conscrit, est entré le 10 avril, dans l'hospice, avec la fièvre. Sa constitution paraît affaiblie, et il présente depuis dix mois une Gale sèche et dartreuse qui couvre tout le corps. Il n'a rien fait pour la combattre. Il y a douze ans qu'il eut la même maladie.

JOSEPH BERTHET, âgé de 22 ans, conscrit, est entré à l'hôpital le 19 mai. Il présente une constitution très affaiblie, une éruption générale, sèche et dartreuse, causée par une Gale qui date de 8 mois. La tête, la poitrine se ressentent beaucoup de l'état de débilité dans lequel se trouve le Malade, qui n'a encore subi aucun traitement contre la maladie grave qu'il présente; il offre aussi une toux fréquente, avec crachement purulent.

Nota. La Commission spéciale avait aussi pronostiqué la mort de Berthet.

PIERRE LAGONDESSE, âgé de 24 ans, conscrit, d'une bonne constitution, est entré dans cet hospice, pour y être traité d'une fièvre continue, dont il est aujourd'hui parfaitement guéri. Il n'a jamais eu la Gale; et il se plaint maintenant d'une démangeaison qui n'est accompagnée d'aucune éruption.

---

bon sommeil, bon appétit. Se sentant rétabli, il ne demande qu'à rejoindre un Corps.

Sa constitution est beaucoup fortifiée, et la peau a généralement repris sa souplesse et sa transpiration naturelle. A l'exception de quelques boutons épars qui s'amortissent, il ne paraît plus que des taches que la Gale a laissées sur la peau. BISSIÈRE déclare qu'il ne ressent plus de démangeaisons, qu'il a grand appétit et qu'il dort très bien. Sa figure a pris de la fraîcheur, et les forces lui reviennent de plus en plus.

Se sentant assez fort, il ne demande qu'à rejoindre un Corps.

Sa fièvre, légère d'accès, a cessé, mais il est encore convalescent. Point de mal de tète; bon sommeil; langue nette et belle : il déclare que l'appétit lui revient. Son ulcère à la jambe est cicatrisé; la peau est généralement souple, blanche et dans son état naturel; ses démangeaisons sont anéanties; moiteur soutenue, surtout dans la paume des mains. Sa diarrhée sanguinolente n'existe plus : selle naturelle.

Nota. BODANGUIN est parti le 18 août, bien portant sous tous les rapports, pour rejoindre son régiment.

Sa constitution est fortifiée; la Gale sèche et dartreuse qui depuis dix mois couvrait tout son corps, n'existe plus; il ne paraît plus que des taches que la Gale a laissées sur la peau. Il déclare ne plus éprouver de démangeaisons qu'aux mains, où il a encore quelques boutons; la peau d'ailleurs a repris sa souplesse et son état naturel. Moiteur pendant la nuit; bon sommeil et bon appétit. MAINDAGU se sent aussi assez fort pour rejoindre son Corps, quand on voudra.

Sa constitution est fortifiée; l'éruption générale sèche et dartreuse n'existe plus. Il n'y a plus que quelques boutons épars et des taches que la Gale a laissées sur la peau; fraîcheur de la figure. Il continue à déclarer qu'il ne ressent plus de démangeaisons. La toux fréquente et le crachement purulent sont dissipés; bon sommeil et bon appétit; la peau a repris sa souplesse et sa fermeté : moiteur pendant la nuit.

BERTHET se sent aujourd'hui assez fort pour se rendre à pied à Mantoue, et il est prêt à partir.

Il continue à ne pas avoir la Gale, et à déclarer qu'il n'éprouve aucune démangeaison. Selle naturelle; sa peau est généralement souple, blanche et ferme. Moiteur pendant la nuit; bonne santé. Sa constitution est fortifiée.

Nota. Dès le 17 juillet LAGONDESSE ne ressentit plus de démangeaisons; il continua les lotions sans éprouver aucune éruption de boutons. Il coucha les nuits des 25, 26, 27 et 28 avec Jean PAYEN, conscrit affecté d'une Gale sèche et pustuleuse, non traitée alors, et choisi pour établir l'Expérience préservative. LAGONDESSE est resté jusqu'au 18 août dans la Salle des consignés, pour assurer son traitement prophylactique.

Observations générales.

ROBIN, *hydropique* par suite de Gale dégénérée, a eu, pendant son traitement, trois cent cin-
quantes selles, qui, bien loin de l'affaiblir, ont contribué à sa guérison. Les crises chez les autres
Malades se sont opérées principalement par les sueurs.

Immédiatement après le traitement, les Malades artisans ont repris avec vigueur leurs occupations
pénibles, et les conscrits sont partis pour leur destination respective : en quittant l'hôpital, *tous* ont
témoigné à l'Administration combien ils étaient satisfaits du traitement qu'ils venaient de subir.

Tous les soirs, sous les yeux des Commissaires présens, l'Auteur a dirigé l'application de son Topique, conformément à sa *Méthode imprimée*, telle qu'elle a été adressée officiellement à M. le Préfet
du Rhône, d'après les ordres de Son Excellence le Ministre de l'Intérieur.

Les bouteilles de la Quintessence anti - psorique envoyées à l'Administration par M. le Préfet, re-
vêtues du sceau de la Préfecture et du cachet de l'Auteur, n'ont été délivrées à ce dernier par M. l'É-
conome de l'Hôpital, qu'en présence de deux, ou au moins d'un Commissaire.

N° 3.

Lyon, ce 3 septembre 1806.

MÉMOIRE DE METTEMBERG.

A Son Excellence Monseigneur CHAMPAGNY, *Ministre de l'Intérieur.*

MONSEIGNEUR,

Les contradictions évidentes dans lesquelles est tombée la Commission spéciale nommée par M. le
Préfet du département du Rhône, pour l'examen de mon Remède anti-psorique, par suite des Instructions de Votre Excellence, prouvent combien il est difficile aux hommes de se défendre de tout
esprit de prévention, et de ne porter que des jugemens libres, justes et impartiaux. Ma Quintessence est un secret; c'est sous ce point de vue qu'on l'a jugée, et qu'on a été prévenu défa-
vorablement : mais il fallait examiner si c'était un secret utile, et après avoir reconnu la vérité
des Expériences qui prouvent évidemment son utilité (« *La Commission s'est assurée que les
» Procès-Verbaux de ces Observations, dont copie est annexée au présent, sont conformes à la
» vérité* »), il fallait être conséquent, et ne pas avoir la maladresse de le décrier ou de se
déchaîner contre son efficacité, et encore moins de le présenter comme dangereux, ni comme sus-
pect à cause de sa composition présumée. C'est un secret; mais était-ce une raison pour le
proscrire? et des Médecins peuvent-ils ignorer qu'il n'est peut-être pas de préparation pharma-
ceutique qui n'ait été l'objet d'un secret? Pour presser plus vivement MM. les Médecins de la
Commission, je vais les suivre dans leurs objections, et les réfuter de la manière la plus facile
et la plus complètement victorieuse.

MM. les Commissaires ont dit :

1°. *Le Remède dit Quintessence anti-psorique de Mettemberg n'est point sans danger dans
son usage. Il occasione, dans le principe, un flux de ventre, souvent très abondant et quelquefois accompagné de colique. D'autres fois, il cause la salivation. Dans une période plus avancée,
il produit des accidens de pléthore générale, et chez quelques Malades, une fièvre inflammatoire
manifeste.*

Tous les Remèdes en général peuvent devenir dangereux quand ils sont mal administrés; mais
mon mode particulier d'administration fait partie intégrante et inséparable de mon Spécifique.

Il ne résulte point des Expériences officielles (et c'est sur ces Expériences seules que les Commissaires devaient juger mon Remède), qu'il survienne constamment *un flux de ventre surabondant,* puisque la crise se fait presque toujours par les sueurs, comme le démontrent les Expériences : le cas qui fait exception est celui de Robin, *hydropique* par suite de Gale dégénérée, *dont ils avaient tous pronostiqué la* mort, dans la séance générale du 21 juillet, et que j'ai sauvé en me gardant bien de troubler la crise salutaire qui s'est opérée par les selles, et qui l'a promptement guéri, bien loin de l'affaiblir.

Quelquefois accompagné de colique.

Il ne peut point se faire de crise sans un trouble quelconque : c'est la raison pour laquelle *Robin* a éprouvé quelques coliques, le jour seulement où sa diarrhée a commencé, et où il a eu quinze selles ; les Procès-Verbaux journaliers constatent, au contraire, que toutes les autres selles ont été sans colique et sans tranchée. Au reste, cet épiphénomène se fût-il rencontré chez d'autres sujets, ce qui n'est pas arrivé, je crois MM. les Médecins trop instruits pour ignorer que des galeux peuvent avoir, indépendamment de leur maladie et de toute espèce de traitement, quelques coliques bilieuses dans les jours les plus chauds de l'été, temps où ils ont été soumis à mes Expériences.

D'autres fois, il cause la salivation.

Mon Remède, introduit dans la masse humorale par absorption cutanée, doit naturellement et nécessairement agir par tous les émonctoires. Mais ma Méthode de l'employer a pour résultat d'éviter et d'empêcher la salivation dans tous les cas ; de laissser agir la nature par les selles et les urines, et de diriger, toujours d'une manière douce et progressive, l'expulsion du vice psorique par les pores transpirables ; les Observations de *Dessi* et *Dopperkir* sont les preuves de ce que j'avance à cet égard. Au surplus, la salivation ne pourrait être regardée comme un accident grave, qu'autant qu'elle serait de longue durée, difficile à arrêter, et qu'elle épuiserait le Malade, ou porterait une atteinte notable à ses forces, et rien de tout cela n'a eu lieu. On sait aussi qu'un Remède est sans vertu s'il ne produit pas des effets sensibles.

Dans une période plus avancée, il a produit des accidens de pléthore générale.

Cette pléthore remarquée chez *Chatelain* et *Chapon* n'était que fausse : c'était une raréfaction momentanée du sang, nécessaire pour opérer la crise salutaire. ◆

Et chez quelques Malades, une fièvre inflammatoire manifeste.

Le sujet de cette Observation, que j'ai déjà réfutée, est Bodanguin. Je ne puis que répéter que cette fièvre n'était point une sinoque ou une fièvre inflammatoire manifeste, mais bien une fièvre critique ou un mouvement, un effort salutaire qu'a produit la nature, pour faire cesser une diarrhée opiniâtre et une convalescence laborieuse, à la suite d'une fièvre adynamique. En effet, *Bodanguin* est parti, le 18 août, bien portant sous tous les rapports, pour rejoindre son régiment. Il est donc bien clair que l'esprit de prévention a fasciné les yeux de MM. les Médecins.

2°. *La composition présumée du Remède, et les accidens qui en ont accompagné l'usage, donnent des craintes légitimes touchant les effets ultérieurs sur la constitution des Malades.*

Les craintes de MM. les Commissaires sont d'autant plus déplacées, que tous les Malades dont j'ai été chargé étaient dans le plus mauvais état, et que je les ai conduits, à pleine voile, au port de la santé ; ils n'ont pas même eu de convalescence et ont repris avec vigueur, immédiatement après mon traitement, les occupations pénibles des artisans, et les militaires ont rejoint leurs corps respectifs. Ainsi, prévention et aveuglement de la part de MM. les Médecins.

3°. *Le Remède dit Quintessence anti-psorique n'est point préférable aux autres Remèdes connus ; il a même paru inférieur aux Remèdes les plus ordinaires contre la Gale, soit par rapport à la promptitude, soit par rapport à la sûreté de la curation.*

On doit reconnaître la supériorité d'un Remède qui, au lieu de répercuter la Gale, comme la plupart de ceux qui ont été employés avant ma Quintessence, opère son retour à la peau, ou sa réapparition lorsqu'elle a été mal traitée; qui convient exclusivement dans tous les cas de Gale *rentrée*, quelque complication qui existe comme effet de cette répercussion; et l'expérience l'a prouvé, à ma satisfaction, et pour le bonheur de ROBIN, *hydropique;* de CHATELAIN, affecté d'une Gale *dartreuse* universelle, avec une constitution très affaiblie et complication de cachexie et d'affection de poitrine, *malade qu'ils avaient tous aussi condamné à mort,* etc. Or, si de tels miracles ne convertissent pas les Médecins, il faut que ces Messieurs soient frappés d'un bien funeste aveuglement, ou d'un esprit de prévention incurable.

4°. *Le Remède du sieur Mettemberg produisant des éruptions cutanées dans tous les cas, on ne peut lui attribuer un effet indicatif.*

Les Procès-Verbaux dont MM. les Commissaires ont reconnu la véracité, prouvent que mon Remède ne produit pas toujours des éruptions : elles n'arrivent jamais chez les sujets qui n'ont pas été atteints de la Gale, ou qui n'ont point un vice psorique *intérieur;* et cela d'après leur aveu, puis-qu'ils ont signé les Procès-Verbaux et rendu hommage à la sincérité des faits et au succès des Expériences, en déclarant, dans leur dernière séance, « que la Commission s'est assurée que les Procès-» Verbaux de ces observations, dont copie est annexée au présent, sont conformes à la vérité. » Je suis donc fondé à me plaindre de leur esprit de prévention.

5°. *La Quintessence anti-psorique de Mettemberg n'a point d'effet préservatif, comme le prouve l'observation de* LAGONDESSE.

La preuve du contraire est consignée dans les Procès-Verbaux ; et non-seulement *Lagondesse* a été préservé des *effets* de la contagion de la Gale, mais encore le Médecin surveillant de la salle et le Scribe, les Élèves en Chirurgie qui m'ont aidé à faire l'application de mon Procédé, les Sœurs qui servaient les Malades, et moi-même, qui n'ai cessé, au grand étonnement de tous les Membres de la Commission, de toucher des galeux, d'être le sujet d'observation de l'effet *préservatif,* et qui pour terminer les Expériences, et justifier, de plus en plus, la confiance du Gouvernement, me suis inoculé la Gale, et l'ai neutralisée de suite, en me lotionnant avec la Quintessence anti-psorique.

Tous ces faits sont consignés, je le répète, dans les Procès-Verbaux. Ne suis-je pas autorisé à con-clure qu'il n'y a pas moins de partialité et de mauvaise foi dans cette observation que dans les précédentes?

J'ai l'honneur de faire observer en outre à Votre Excellence, que j'ai voulu faire comparaître devant la Commission assemblée *Lagondesse, Bodanguin* et d'autres individus qui ont été l'objet de quelques doutes, et dont on avait voulu nier l'état réel de force, de vigueur la plus apparente et la mieux caractérisée, en un mot le rétablissement complet. Malgré mes sollicitations, on n'a point fait cette vérification : je n'en ai pas été surpris; l'esprit de prévention s'y opposait avec cette obstination qui ne veut rien voir, rien écouter.

J'ai été dédommagé de l'injustice de MM. les Médecins par la gratitude des Malades et l'empresse-ment avec lequel ils se sont réunis, pour faire voir le bon état de leur santé, à Messieurs les Admi-nistrateurs des Hôpitaux ; et pour faire devant un Juge de Paix les six déclarations que j'ai l'honneur d'adresser à Votre Excellence.

Je dois cependant rendre cette justice à la Commission, que les Membres les plus distingués par leur mérite et qui jouissent de la plus grande réputation, après avoir démontré, d'après les Expé-riences, l'efficacité palpable de mon Remède, n'ont signé qu'à regret, et par condescendance, les Obser-vations ou le Rapport de la Commission qui m'est défavorable, et qui se trouve en contradiction avec des Procès-Verbaux revêtus de toute l'authenticité possible.

Je n'ai nullement été surpris, Monseigneur, du jugement de la Commission, auquel je me suis attendu dès le début de mes Expériences ; c'était un parti pris d'avance : et des *libelles* (que j'ai l'honneur de faire connaître à Votre Excellence) où l'on s'est permis contre moi et mes partisans les invectives les plus grossières et les plus fatigantes, m'avaient présagé la certitude des difficultés et de l'injustice que je devais éprouver. Mais les *faits* subsistent, ils sont avérés, et c'est d'après eux que je demande, au nom l'Humanité, qu'on apprécie ma Quintessence anti-psorique.

En me recommandant à la bienveillance et à la justice de Votre Excellence,

Je suis avec un très profond respect, Monseigneur,

Votre très humble, très obéissant et très dévoué serviteur,

Signé Mettemberg,

Ancien Officier de santé en chef dans les Corps armés,
aujourd'hui Chirurgien de la Garde et Maison du Sénat.

Nᵒˢ 4 et 5.

Lyon, le 1ᵉʳ septembre 1806.

« Monsieur et cher Collègue,

» La Commission dont je faisais partie a traité M. *Mettemberg* avec bien de la rigueur, et n'a
» pu se défendre d'injustes préventions ; elles ont été même si fortes et si générales, que je n'ai
» pas eu le courage d'élever des réclamations qui eussent été entièrement perdues pour celui qui
» en était l'objet, et qui m'eussent valu sans doute l'honneur d'un troisième pamphlet. Ce que je
» puis vous dire seulement, c'est que les réclamations de M. Mettemberg sur l'Avis de la Com-
» mission sont fondées, et que, quoique je sois loin de donner à son médicament toutes les qualités
» possibles, je sens qu'il doit rester dans l'art, et qu'il sera utilement employé dans le grand
» nombre de cas pour lesquels il l'a fait connaître.

» *Signé* Petit, D. M. M.

» Membre du Jury Médical du département du Rhône »

Lyon, le 1ᵉʳ octobre 1806.

« Monsieur et très honoré Collègue,

» La franchise avec laquelle M. Mettemberg soumettait les effets de son Remède aux regards et
» à la critique des Médecins, m'avait donné une idée avantageuse de son caractère et de ses in-
» tentions. Malheureusement mon opinion n'a pas été partagée, et j'ai vu, dès le début de ses Ex-
» périences, qu'elles seraient jugées par la prévention et la partialité la plus marquée. J'ai éprouvé,
» dans cette circonstance, comme dans beaucoup d'autres, que les passions ne raisonnent pas, et
» que vouloir les combattre, c'est s'exposer à en être victime. Les pièces que M. Mettemberg vous
» communiquera vous prouveront que ceux des Commissaires qui ont voulu être justes, en ont été
» punis par des injures et des pamphlets. De pareils outrages ne feraient qu'honorer ceux qui en
» sont les objets, si la société n'était composée que de sages ; mais à Lyon, le nombre des sots, des
» méchans et des envieux l'emporte sur celui des gens sensés. C'est à peu près partout comme à
» Lyon ; aussi les libelles font toujours quelque mal, et les gens qui aiment la paix n'aiment pas
» à être plaisantés ou calomniés, même par des imbécilles. Je ne sais quel vertige s'est emparé des
» disciples d'Esculape dans ce pays : jamais ils ne firent plus d'efforts pour avilir la plus noble et

» la plus utile des professions, jamais ils n'y réussirent mieux ! Quoi qu'il en soit de toutes ces ré-
» flexions, qui sentent un peu l'humeur que me donnent les libellistes, je pense que le Remède de
» M. Mettemberg est très efficace contre les Gales les plus compliquées ; que, quoi qu'on en puisse
» dire, les *Faits* prouvent qu'il réussit là où les autres méthodes échouent ; et quand il pourra le
» publier, il fera un beau présent à la Thérapeutique.

» Signé MARTIN aîné, D. M. »

Lyon, le 20 août 1806.

N° 6.

Nous soussignés CHIRAT et LE BŒUF, Administrateurs chargés de l'intérieur de l'Hôtel - Dieu, sur la demande qui nous a été faite par M. *Mettemberg*, certifions, pour rendre hommage à la vérité, qu'il a apporté le plus grand zèle dans ses Expériences faites à l'Hospice, d'après les ordres de Son Excellence le Ministre de l'Intérieur.

Signé CHIRAT, D. LE BŒUF.

Vu par le Préfet du Département du Rhône, pour la légalisation des signatures de MM. *Chirat* et *Le Bœuf*.

Pour le Préfet en tournée, le Secrétaire général, signé LUYLIER.

Lyon, le 3 septembre 1806.

A M. METTEMBERG,

MONSIEUR,

Par la Lettre que vous me faites l'honneur de m'adresser aujourd'hui, vous réclamez de moi, non plus comme Administrateur, mais comme simple particulier, une attestation du zèle, des soins et du dévouement que vous avez apportés dans les Expériences anti-psoriques faites au grand Hôpital de Lyon, par ordre du Gouvernement.

Je m'empresse de vous rendre cette justice, comme vous la rendront tous ceux qui en ont été comme moi les témoins. Vous avez administré votre *Quintessence* à plusieurs Malades choisis par vous, et dans des cas de Maladies très graves, provenant, d'après votre théorie, du virus psorique. Je dois dire, pour rendre hommage à la vérité, que, vos Expériences achevées, divers Individus qui en ont été les sujets, m'ont déclaré être parfaitement guéris, et que depuis la fin du traitement, ils vaquaient aux travaux de leur état, sans éprouver la moindre incommodité : cette déclaration a été renouvelée de leur part dans le sein de l'Hôpital.

Je dis ce que je pense et ce que j'ai vu moi-même : il n'appartient qu'aux gens de l'art de prononcer en définitif sur la valeur de votre découverte. Il paraît au reste que les nombreux essais que vous avez faits jusqu'à ce jour, et que vous voulez continuer, prouveront que votre *Quintessence*, administrée par des mains habiles, opère des effets très précieux pour l'Humanité.

J'ai l'honneur d'être avec considération,

Signé CHIRAT,

Président du Tribunal de Commerce.

N.º 7.

Lyon, le 10 novembre 1808.

A Son Excellence Monseigneur le Ministre de l'Intérieur.

« M. Mettemberg ayant réclamé mon témoignage sur ce qui s'est passé à l'Hôtel-Dieu de Lyon,
» je me borne à exposer à Votre Excellence ce que j'ai vu, sans entendre en aucune manière
» m'immiscer dans des questions de Médecine, objet sur lequel je n'ai pas la moindre con-
» naissance.

» Votre Prédécesseur ayant ordonné une Expérience à Lyon, l'Administration des Hôpitaux,
» dont je suis membre, mit à la disposition de M. le Préfet une salle de l'Hôtel-Dieu; la Com-
» mission des Médecins ayant été formée, on y plaça douze Malades. Chaque semaine, en faisant
» une visite à l'Hôtel-Dieu, je visitai cette salle : des douze Malades, plusieurs me paraissaient dans
» un état déplorable; les uns avaient des signes apparens de Gale; d'autres n'en offraient point;
» un me parut *hydropique;* ce dernier a eu d'énormes évacuations; les autres ont montré successi-
» vement des éruptions à la peau, bien qu'il ne parût rien à ma première visite. Tous les douze
» sont sortis vivans de l'Hôtel-Dieu, tous les douze m'ont paru guéris; ils avaient le visage de la
» santé, l'œil bon, le teint satisfaisant; l'appétit était revenu. *Quelques-uns, que j'ai eu depuis*
» *l'occasion de rencontrer* dans la ville, m'ont assuré qu'ils se portaient à merveille, et se félici-
» taient du bonheur qu'ils avaient eu d'être tombés en des mains aussi habiles.

» Voilà, Monseigneur, ce que j'ai vu, ce que j'ai attesté à votre Prédécesseur, chez lequel j'ai
» rencontré une fois M. Mettemberg, ce que j'attesterai toujours, parce que c'est l'exacte vérité.
Daignez agréer l'expression de mon profond respect.

» *Signé* VOUTY,

» Président du Conseil général d'Administration des Hôpitaux de Lyon, Premier
» Président de la Cour d'Appel, Commandant de la Légion-d'Honneur. »

N.º 8.

Paris, le 10 septembre 1806.

A Son Excellence Monseigneur CHAMPAGNY, *Ministre de l'Intérieur.*

MONSEIGNEUR,

D'après les nouvelles Expériences que j'ai faites avec le plus grand succès à l'Hôtel-Dieu de Lyon,
et qui prouvent l'importance de ma Théorie et de ma Pratique pour le traitement des maladies
psoriques en général;

D'après les preuves, que j'ai eu l'honneur de fournir à Votre Excellence, de la *partialité,* de la
mauvaise foi, de l'*esprit de parti* et de l'*intrigue des Médecins* de la Commission spéciale, qui, POUR
TROMPER LE GOUVERNEMENT, ont porté un jugement *contraire* aux FAITS journaliers qu'ils ont eux-
mêmes reconnus véritables;

D'après les obstacles de tout genre que j'ai éprouvés dans l'exécution des ordres de Votre
Excellence, en date du 18 janvier dernier, et que je n'ai pu surmonter qu'avec bien des précautions
et des frais que ma position de père d'une nombreuse famille et ma fortune ne me permettent pas de
continuer :

Je vous supplie, Monseigneur ;

1°. De me dispenser des Expériences également ordonnées à Strasbourg, ou de vouloir bien en changer les dispositions.

2°. De m'autoriser à établir un dépôt de ma Quintessence anti-psorique au principal Hospice du Chef-Lieu de chaque Département.

3°. D'ordonner que dans cet Hospice il y aura une salle exclusivement destinée à mon traitement, *pour les Gales dégénérées et compliquées,* qui, à raison de la remise que je ferai en nature, deviendra *gratuit;* et que le Médecin chargé du service de cette salle sera sous ma direction et mon inspection.

4°. D'ordonner que le premier traitement dans cet Hospice sera fait sous les yeux d'une Commission spéciale nommée par M. le Préfet, et à l'instar des Expériences qui ont eu lieu à l'Hôtel-Dieu de Lyon; mais que les Commissaires devront se borner à vérifier l'état des sujets, et à être les témoins des opérations.

J'ai l'honneur de faire observer à Votre Excellence que l'intérêt de l'Humanité et celui du Gouvernement se trouveraient ainsi liés avec le mien; et qu'en conséquence je ne demande aucun traitement ni aucune récompense pour mes services, mes voyages et mes soins.

En me recommandant à la bienveillance et à la justice de Votre Excellence,

Je suis avec un très profond respect,

Monseigneur ,

De Votre Excellence ,

le très humble, très obéissant et très dévoué serviteur ;

Signé METTEMBERG ,

Ancien Officier de Santé en chef dans les Corps armés, aujourd'hui Chirurgien de la Garde et Maison du Sénat.

P. S. J'ai l'honneur de vous faire connaître, Monseigneur, 1°. deux lettres de M. le *Vice-Président de l'Hôpital général d'Angoulême,* où Votre Excellence verra que mon dépôt , établi sous les auspices de M. le Préfet, est déjà dans une activité qui en démontre le succès ; 2°. une autre de la part d'un Maréchal de France, qui tend à prouver combien mon Spécifique serait utile aux Armées pour y prévenir les effets de la contagion de la Gale.

Signé METTEMBERG.

NOTA. D'après l'ordre du Ministre, les Expériences qui devaient être faites dans les Hospices de *Strasbourg,* eurent lieu à la Maison de Répression de *Saint-Denis.*

N° 9.

Paris, le 5 fructidor, an XIII.

A Monsieur DE GÉRANDO, *Secrétaire général du Ministère* DE *l'Intérieur.*

MONSIEUR ,

Je suis instruit que M. *Thouret,* Directeur de l'École de Médecine de Paris, a adressé un Mémoire à Son Excellence le Ministre de l'Intérieur, tendant à mettre de nouveaux obstacles à mon Spécifique, en faisant rapporter ou entraver le Décret du 25 prairial an XIII, concernant les *Remèdes secrets.*

Sur la demande de Son Excellence, un Rapport à cet égard doit lui être fait, demain 6 du courant, par le Bureau de l'Instruction publique, 3ᵉ Division.

J'ai l'honneur de vous faire observer :

1°. Que les obstacles qui ont retardé l'essor de ma Découverte, ont été suscités par l'*esprit* de l'ancienne Corporation Médicale, que M. Thouret a toujours cherché et cherche à perpétuer pour le malheur de l'Humanité, et qui, aujourd'hui, se trouve détruit par les dispositions sages et bienfaisantes de ce Décret.

2°. Que tous les motifs qu'il a allégués et qu'il allègue de nouveau sont des *prétextes* cent fois rebattus et cent fois réfutés, et que je réfuterai constamment.

3°. Que la vraie Médecine n'est qu'une science de *faits* et d'*observations;* que j'ai justifié des succès de mon Procédé anti-psorique par des *Faits authentiques* et une foule d'Observations irrécusables; et que je m'en réfère encore aux *faits* et aux *observations.* Vous trouverez ci-joint un Imprimé qui vous donnera le précis de ma Découverte et de ma conduite.

En conséquence, j'ose vous prier de vouloir bien instruire le Ministre des démarches *astucieuses* de M. Thouret, et faire suspendre la décision de Son Excellence. *L'esprit de l'ancienne Corporation doit céder à l'esprit d'un Gouvernement éclairé.*

Je suis avec respect,

Monsieur le Secrétaire général,

Votre très humble, très obéissant et très dévoué Serviteur,

Signé METTEMBERG,

Ancien Chirurgien-Major des Corps armés, Inventeur
de la Quintessence anti-psorique.

Rue Saint-Dominique d'Enfer, n° 20.

Réponse de M. DE GÉRANDO *à M. Mettemberg.*

Paris, le 6 fructidor, an XIII.

« Le Secrétaire général du Ministère de l'Intérieur,

» MONSIEUR,

» Je m'empresserais de mettre vos réclamations sous les yeux du Ministre, s'il était question de » revenir sur le Décret relatif aux Remèdes secrets; mais, jusqu'à ce moment, on ne s'occupe que » de son exécution.

» J'ai l'honneur de vous saluer,

» *Signé* DE GÉRANDO. »

NOTA. Par décision du 18 janvier 1806, le Ministre ordonna que les Expériences publiques et *contradictoires,* qui avaient eu lieu à Paris, à l'Hospice de la Maternité, fussent renouvelées dans les Hospices de *Lyon, Lille* et *Strasbourg.*

ENTRAVES

Dans la propagation et les progrès de la DÉCOUVERTE CHIRURGICO-MÉ-
DICALE, *connue sous le nom de* Quintessence anti-psorique de Mettemberg,
*malgré l'*AUTORISATION *maintenue du Gouvernement.*

———————————

Vu les résultats différens entre le Rapport de la Commission d'Examen (basé sur des *Systèmes*) et les Rapports de la Commission de Révision (reposant sur les *Faits*), un Avis du Conseil-d'État, approuvé le 18 mars 1813, renvoya l'Affaire de la *Découverte - Mettemberg* au Ministre de l'Intérieur, afin que Son Excellence consultât la Faculté de Médecine de Paris, sur les diverses propriétés de ce Remède réputé *secret,* et sur la quotité de l'Indemnité à accorder à l'Inventeur, en exécution des dispositions du Décret du 18 août 1810. Mais cette Faculté (qui s'était formellement opposée, en 1800, à la vérification de cette Découverte, *selon le Mode expérimental spécialement prescrit par le Gouvernement,* et contre laquelle le sieur Mettemberg se vit déjà forcé, en 1804, de faire paraître un MÉMOIRE A CONSULTER ET CONSULTATION) *s'est écartée de sa mission,* comme il est dit précédemment.

Dès lors, la plupart des dépôts de la *Quintessence anti-psorique* légalement établis sur tous les points de la France, *avec le mode d'application* de ce Remède *topique,* ont été PARALYSÉS :

1°. Par la présentation de ce Procédé *révulsif-externe* sous un *faux* jour, et par la mesure générale qui fut prise de suite en faveur des *fumigations sulfureuses,* méthode *pernicieuse* dont le temps et l'expérience eurent bientôt fait justice;

2°. Par la préférence accordée aux anciennes méthodes *compliquées, malpropres, infectes, astringentes* et *répercussives;* lesquelles donnent lieu à une multitude de maladies secondaires, et contribuent beaucoup à conserver dans l'*obscurité* la pratique de la Médecine ordinaire;

3°. Par des propos *mensongers,* et les libelles *calomnieux* qui ont été répétés dans divers écrits et papiers publics, contre cette Découverte et son Auteur;

4°. Par une défense des Chefs coalisés aux Officiers de santé respectifs, d'employer le *Topique-Mettemberg,* ou d'en renouveler les épreuves dans les divers Établissemens d'utilité publique, et dans les Corps armés, pour le service desquels il est principalement destiné;

5°. Par les règlemens et les systèmes *anti-sociaux* d'un ancien *esprit de corps,* qui ne permettent point aux Médecins en consultation avec leurs Confrères, de proposer, et par conséquent d'ordonner aux Malades un Remède quelconque *réputé* SECRET, *quand même il devrait les sauver, comme les* moribonds *rendus à la vie lors des expériences de Lyon;*

6°. Par les contrefaçons *dangereuses* et les *fausses* applications, auxquelles on a donné lieu ;

7°. Par un dégoût insinué aux préposés - dépositaires, et par des saisies arbitraires ;

8°. Par la comparaison injurieuse avec les *Charlatans* des tréteaux et des places publiques, d'un ancien Praticien militaire et civil qui, après avoir loyalement répondu à un Appel du Gouvernement, rapporte régulièrement à l'Art et à l'Humanité le fruit de travaux pénibles et dispendieux, et lutte depuis *trente-deux* ans contre la malice et la perversité humaines ;

9°. Par l'abus que l'on fait des saignées, sangsues, bains et fumigations sulfureuses (Système des *Solidistes*), et par celui des purgatifs (Système des *Humoristes*) ; méthodes qui, TOUTES, *affaiblissent* l'économie animale, tandis que le Procédé-Mettemberg la *fortifie,* et ne peut jamais devenir « *nuisible à la santé ou dangereux pour la vie des hommes,* » à raison de ses effets *révulsifs-externes,* et de l'administration du Remède, bornée à l'*extérieur;*

10°. Enfin, par les vexations de tout genre que l'Auteur a éprouvées ; ce qui n'a pas diminué la *bonté* et la *priorité* de sa Méthode, *prononcées par l'Expérience* OFFICIELLE *et l'Opinion éclairée du siècle, reconnues par la* COMMISSION DE RÉVISION, *et sanctionnées par deux Décrets spéciaux d'*AUTORISATION, *des 6 février* 1810 *et* 18 *mars* 1813.

Mais ces vexations, en paralysant le débit du *Topique-Mettemberg,* ont entravé l'exécution des Décrets qui avaient pour but d'encourager ce débit dans l'intérêt de la Société et de l'Auteur. Ainsi s'écroulerait l'objection de ceux qui croiraient pouvoir faire considérer le Décret provisoire et spécial d'autorisation, du 18 mars 1813, comme une indemnité définitive.

Un provisoire ne fut jamais un définitif; un Décret, qui maintient l'autorisation de publier un Remède jusqu'au paiement du prix d'acquisition, ne peut être considéré comme le paiement de ce prix, garanti par le Décret général de 1810, et par la Charte.

Paris, août 1826.

Chirurgien de la Garde de la Chambre des Pairs, ancien Chirurgien - Major du Régiment de MONSIEUR (infanterie) ; Chevalier de l'Ordre Royal du Mérite civil de Prusse de 1re classe, Capitaine de la 11e Légion de la Garde nationale Parisienne, etc., etc.

Rue Saint-Thomas d'Enfer, n° 5.

DÉCRET IMPÉRIAL, SPÉCIAL,

du 6 février 1810.

RAPPORT ET DÉCISION

DE LA

COMMISSION DE RÉVISION

DES REMÈDES SECRETS,

ET

AVIS DU CONSEIL-D'ÉTAT,

APPROUVÉ

PAR SA MAJESTÉ L'EMPEREUR ET ROI,

LE 18 MARS 1813,

RELATIFS A LA NOUVELLE MÉTHODE ANTI-PSORIQUE DE METTEMBERG,

ANCIEN CHIRURGIEN-MAJOR AUX ARMÉES,

OFFICIER DE SANTÉ DE LA MAISON CIVILE ET MILITAIRE DU SÉNAT-CONSERVATEUR;

SUIVIS

DES AUTORISATIONS DE PLUSIEURS GOUVERNEMENTS ÉTRANGERS.

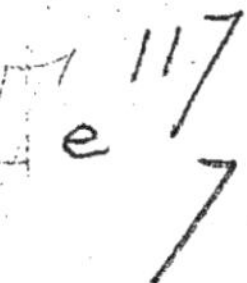

PARIS

CHEZ L'AUTEUR, RUE SAINT-THOMAS-D'ENFER, 7.

CONSERVER LE SOLDAT SOUS LES DRAPEAUX, L'ARTISAN A SES TRAVAUX, N'EST-CE

PAS LA UN BIENFAIT DIGNE DE LA PROTECTION DU GOUVERNEMENT, UNE DES PLUS

IMPORTANTES DÉCOUVERTES EN MÉDECINE PRATIQUE?

DÉCRET IMPÉRIAL, SPÉCIAL.

EXTRAIT DES MINUTES DE LA SECRÉTAIRERIE D'ÉTAT.

Au palais impérial des Tuileries, le 6 février 1810.

NAPOLÉON, Empereur des français, Roi d'Italie, Protecteur de la Confédération du Rhin, etc., etc., etc.

Sur le Rapport de notre Ministre de l'Intérieur ;

Vu la Loi du 21 Germinal an II, relative à l'exercice de la Médecine, et notre Décret du 25 Prairial an XIII, concernant l'annonce et la vente des remèdes secrets ;

Vu la demande du sieur Mettemberg, Officier de santé, tendante à obtenir l'autorisation de préparer, annoncer et vendre un Remède pour la guérison de la *Gale*, dont il est l'Auteur, et qui est connu sous le nom de *Quintessence anti-psorique* ou *Eau de Mettemberg* ;

Vu les Procès-verbaux des expériences faites à l'Hospice de la Maternité, à Paris, et dans les Hospices de Lyon, Lille et Saint-Denis, de la Quintessence anti-psorique du sieur Mettemberg ;

Notre Conseil-d'État entendu,

Nous avons décrété et décrétons ce qui suit :

ARTICLE PREMIER.

Le sieur Mettemberg, Officier de santé, est autorisé à préparer, annoncer et vendre publiquement le Remède pour la guérison de la Gale, dont il est l'Auteur, et qui est connu sous le nom de *Quintessence anti-psorique* ou *Eau de Mettemberg*.

ARTICLE II.

Ne pourra toutefois, le sieur Mettemberg, établir des Dépôts de ce Remède que dans les Pharmacies des établissements publics, ou chez les Pharmaciens légalement reçus, lesquels sont tenus de n'en délivrer que sur une ordonnance des gens de l'art.

ARTICLE III.

Notre Ministre de l'Intérieur est chargé de l'exécution du présent Décret.

Signé NAPOLÉON.

Par l'Empereur :

Le Ministre Secrétaire d'État,

Signé H. B. duc de Bassano.

Pour ampliation :

Le Ministre de l'Intérieur, Comte de l'Empire,

Signé Montalivet.

COMMISSION DE RÉVISION

M. Bosquillon, Docteur de l'ancienne Faculté de Médecine de Paris et Professeur au Collége de France, *Président*.

M. Pinel, Membre de l'Institut, Professeur à la Faculté de Médecine de Paris, Médecin consultant de S. M. l'Empereur, et Médecin en chef de l'Hôpital de la Salpêtrière.

M. Bourdier, Professeur à la Faculté de Médecine de Paris, et Médecin ordinaire de S. M. l'Impératrice.

M. Vauquelin, Membre de l'Institut, Directeur de l'École de Pharmacie, Professeur des Arts chimiques au Muséum d'Histoire naturelle et à la Faculté de Médecine de Paris.

M. Bourdois de la Motte, Médecin des Enfants de France et du département de la Seine.

M. Lafisse, Docteur de l'ancienne Faculté de Médecine de Paris, et ancien Médecin de S. M. le Roi de Hollande.

M. Balleroy, Docteur en Médecine de la Faculté de Montpellier, et Membre de la Commission du Croup, *Secrétaire*.

MINISTÈRE DE L'INTÉRIEUR.

COMMISSION DE RÉVISION DES REMÈDES SECRETS.

Paris, 19 août 1812.

Extrait du Registre des délibérations du 13 août 1812.

A Son Excellence le Ministre de l'Intérieur.

MONSEIGNEUR,

De tous les Remèdes secrets présentés à l'examen et au jugement de la Commission de Révision, aucun ne lui a paru digne d'un véritable intérêt, si l'on n'en excepte celui de M. METTEMBERG, Officier de santé de la Maison civile et militaire du Sénat-Conservateur, demeurant à Paris, rue Saint-Thomas-d'Enfer. Ce Remède est enregistré sous le n° 15 de la Commission. Nous allons exposer à Votre Excellence l'origine de ce Remède, les expériences multipliées qui en ont été faites, à diverses époques, par ordre des Ministres vos prédécesseurs. Nous vous exposerons ensuite les résultats qui en constatent l'efficacité, et notre opinion sur la récompense à laquelle le sieur METTEMBERG nous paraît avoir droit.

En l'an II, la Gale se répandait dans nos armées, au point qu'on y comptait quatre cent mille hommes atteints de cette maladie (1) : le Gouvernement fit un appel aux Officiers de santé militaires, dans le but de trouver un moyen le plus simple et le moins dangereux de la guérir sans soustraire les soldats à leur service.

Le sieur METTEMBERG, alors Chirurgien-Major du 75ᵉ régiment, se voua à cette recherche, composa une eau à laquelle il donna le nom de *Quintessence anti-psorique ;* il en fit de nombreux

---

(1) Rapport de l'inspecteur général Laribeau, imprimé par ordre du Comité de Salut public.

1° L'*Eau de Mettemberg* est curative dans la Gale récente, sans autre pratique médicale additionnelle que l'observation des règles de l'hygiène toujours indispensable à l'entretien de la santé ;

2° Elle est aussi curative dans les Gales dégénérées, en produisant communément une éruption qu'on doit nommer critique, puisqu'elle fait cesser la maladie à laquelle la Gale a donné lieu : *sublatâ causâ, tollitur effectus ;*

3° L'*Eau de Mettemberg*, administrée pour la Gale ou pour ses dégénérescences, et suivant la Méthode qui lui est jointe, est sans danger, puisque, dans toutes les expériences publiques et les relations particulières, son usage n'a été suivi d'aucun accident.

D'après tous ces titres, la Commission de Révision pense que l'Eau anti-psorique de Mettemberg mérite la confiance publique dans les Gales récentes et dans les Gales dégénérées ; que son emploi serait principalement utile dans les Armées, par l'avantage qu'elle a sur toute autre pratique médicale de maintenir le soldat en état de service, et de ne pas altérer les linges ni les vêtements qu'il porte durant son usage.

Pour copie conforme,

Le Chef de la 3e Division du Ministère,

Chevalier de l'Empire,

Signé **BARBIER-NEUVILLE.**

N. B. PAR AVIS DU CONSEIL-D'ÉTAT, EN DATE DU 5 MARS 1813, APPROUVÉ PAR S. M. L'EMPEREUR ET ROI, LE 18 DU MÊME MOIS, L'AUTORISATION ACCORDÉE AU SIEUR METTEMBERG, PAR DÉCRET IMPÉRIAL, SPÉCIAL, DU 6 FÉVRIER 1810, DE PRÉPARER, ANNONCER ET VENDRE PUBLIQUEMENT SON EAU ANTI-PSORIQUE, EST MAINTENUE JUSQU'A DÉCISION RELATIVE A L'ACQUISITION DE CE REMÈDE PAR LE GOUVERNEMENT.

ROYAUMES D'ESPAGNE

AUTORISATION DU GOUVERNEMENT.

« Vu l'Avis des Médecins-Commissaires nommés par la Junte suprême de Médecine, pour
« examiner les avantages de la Méthode et du Remède inventés par le Docteur Mettemberg,
« Médecin de la Garde et Maison du Sénat-Conservateur de France, pour la guérison de la
« Gale, je lui ai accordé le libre usage et la vente, dans ces royaumes, du susdit Remède anti-
« psorique.

« Madrid, le 5 juin 1809.

« Le Ministre de l'Intérieur,

« *Signé* EMANUEL ROMERO. »

ROYAUME DE PRUSSE,
PRINCIPAUTÉS D'ALLEMAGNE
ET
ROYAUME D'ANGLETERRE.

La même Autorisation spéciale *motivée* a été accordée au sieur Mettemberg, en Prusse, par
ordre émané du Cabinet de S. M. le ROI FRÉDÉRIC-GUILLAUME III, du 29 mai 1814 ;
dans plusieurs autres parties de l'Allemagne, par Lettres patentes de LL. AA. SS. le DUC
RÉGNANT D'AREMBERG, du 20 août 1809 ; le DUC RÉGNANT de SAXE-COBOURG,
du 1er juin 1814 ; et, en Angleterre, par Lettres patentes royales du 27 février 1825.

NOTA. POUR ASSURER LES PROPRIÉTÉS SALUTAIRES DE L'EAU ANTI-PSORIQUE DE METTEMBER

ET LA CONFIANCE DES HOMMES DE L'ART, IL EST IMPORTANT DE REMARQUER QUE CE VÉRITABLE REMÈDE E

TOUJOURS REVÊTU DU CACHET ET DE LA SIGNATURE DE L'INVENTEUR, TELLE QUE LA SUIVANTE :

PARIS. — IMPRIMERIE SIMON RAÇON ET Cᵉ, RUE D'ERFURTH, 1.

www.ingramcontent.com/pod-product-compliance
Lightning Source LLC
Chambersburg PA
CBHW061558080726
47597CB00005BA/2015